TEXTES LITTÉRAIRES DU MOYEN ÂGE
sous la direction de Richard Trachsler
19

Les Débuts d'une théorie littéraire en France

Ulrich Mölk

Les Débuts d'une théorie littéraire en France

Anthologie critique

PARIS
CLASSIQUES GARNIER
2011

Professeur émérite de philologie romane à l'université de Göttingen, Ulrich Mölk est membre depuis 1979 de l'académie de Göttingen, qu'il a présidée de 1992 à 1994. Il est également délégué des académies allemandes auprès de l'Union académique internationale (Bruxelles). Il a écrit plusieurs ouvrages sur la littérature française, provençale et latine du Moyen Âge ainsi que sur Stendhal, Mérimée, Flaubert, Gide, Malraux et Camus.

ISBN 978-2-8124-0305-7
ISSN 2108-9825

ABRÉVIATIONS

AARP : Ausgaben und Abhandlungen aus dem Gebiete der romanischen Philologie

BEHE : Bibliothèque de l'École des hautes études

BFR : Bibliothèque française et romane

BLV : Bibliothek des litterarischen Vereins in Stuttgart

BZRP : Beiheft zur Zeitschrift für romanische Philologie

CFMA : Classiques français du Moyen Âge

GFRL : Gesellschaft für romanische Literatur

HLF : Histoire littéraire de la France

NE : Notices et extraits des manuscrits de la Bibliothèque nationale et autres bibliothèques

SATF : Société des anciens textes français

TLF : Textes littéraires français

INTRODUCTION

THÉORIE LITTÉRAIRE, CRITIQUE LITTÉRAIRE, CONSCIENCE LITTÉRAIRE

Pour le petit recueil d'extraits contenant des réflexions d'auteurs français du Moyen Âge sur leurs propres ouvrages et leur public et qui a été publié il y a plus de quarante ans, nous avions choisi comme titre *Französische Literarästhetik* (« Esthétique littéraire française »)[1]. Esthétique littéraire ? Ces réflexions, avait fait remarquer Per Nykrog dans son compte rendu de notre recueil, ne justifiaient guère un tel titre « fort précis et technique[2] ».

Évidemment, on peut partager l'opinion du romaniste danois, d'autant plus que le Moyen Âge ne possédait pas d'esthétique bien définie telle que nous la connaissons depuis le XVIIIe siècle en tant que discipline philosophique. Ce qui sépare, dans cette optique, le Moyen Âge des temps modernes, c'est le fait qu'une théorie de l'art (ou des arts), pour autant qu'elle existât, n'était pas une théorie du beau, et ceci non seulement parce que l'idée d'autonomie de l'œuvre d'art était inexistante. D'autre part, cependant, on peut observer que les spécialistes du Moyen Âge n'hésitent aujourd'hui pas à utiliser le terme « esthétique », au plus tard depuis l'ouvrage magistral d'Edgar de Bruyne[3], avec une acception très large et qui ne se réfère pas seulement à une théorie *explicite* mais également à une théorie *implicite*, établie par induction à partir soit d'arguments qui se trouvent dans les textes soit d'observations sur les œuvres, leur

1 U. Mölk, *Französische Literarästhetik des 12. und 13. Jahrhunderts*, Tübingen. Niemeyer, 1969 (*Sammlung romanischer Übungstexte* 54).
2 *Revue belge de philologie et d'histoire*, n° 48, 1970, p. 583.
3 E. de Bruyne, *Études d'esthétique médiévale*, vol. 2 (L'époque romane), vol. 3 (Le XIIIe siècle), Bruges, De Tempel, 1946.

fonction et leur histoire (nous allons revenir plus tard sur ce point). Le terme de « théorie littéraire », serait-il par conséquent mieux choisi ? Ce terme aurait au moins l'avantage de désigner de façon très claire l'objet auquel se réfère la théorie : la littérature, peu importe la « production littéraire » dont il s'agit : littérature en vers, littérature en prose, « littérature » orale, littérature fictive ou non fictive. Mais comment repérer les éléments permettant de formuler une théorie ? Est-il, pour ce faire, nécessaire ou, au moins, utile d'examiner les écrits latins du Moyen Âge – car de Bruyne et, plus tard, par exemple Rosario Assunto et Umberto Eco n'ont considéré, à quelques citations près, que des ouvrages latins – pour savoir si et dans quelle mesure les auteurs en langue vulgaire ont puisé leurs propres conceptions poétiques et critiques dans des sources « scientifiques[1] » ? Un tel essai a été fait, dans un article de 1953 (repris dans son livre de 1962), par Erich Köhler à propos non de la littérature française mais de la poésie lyrique des troubadours provençaux : il était d'avis que certains termes de critique littéraire, comme par exemple *entier*, ne seraient pas sans analogie avec les termes *integritas* ou *perfectio* utilisés par Thomas d'Aquin dans le cadre de ses réflexions esthétiques[2]. Cette analogie, cependant, ne prouve pas que les troubadours ont emprunté le concept en question à la philosophie scolastique car le concept d'intégrité ou de perfection est de nature trop générale pour qu'il permette d'établir de contact précis entre deux contextes théoriques très différents. « La scolastique », écrivait Ernst Robert Curtius en 1948, que nous citons d'après la traduction de Jean Bréjoux, « n'éprouve nul besoin de porter un jugement sur la poésie, elle n'a produit ni poétique, ni théorie de l'art. Vouloir dégager d'elle une esthétique littéraire ou une esthétique des arts plastiques est donc dénué de sens et d'intérêt – bien que des historiens de l'art et de la littérature l'aient maintes fois tenté[3] ».

Köhler n'est pas revenu sur son idée de 1953 ; beaucoup plus fructueuse était l'autre suggestion, celle-là formulée pour la première fois dans son

1 R. Assunto, *La critica d'arte nel pensiero medioevale*, Milano, Il Saggiatore, 1961, et *Die Theorie des Schönen im Mittelalter*, Köln, DuMont Schauberg, 1963. – U. Eco, *Arte e bellezza nell'estetica medievale*, Milano, Bompiani, 1987.

2 E. Köhler, *Trobadorlyrik und höfischer Roman, Aufsätze zur französischen und provenzalischen Literatur des Mittelalters*, Berlin, Rütten & Loening, 1962, p. 21-27 (« Scholastische Ästhetik und höfische Dichtung »).

3 E. R. Curtius, *La Littérature européenne et le Moyen Âge latin.* Traduit de l'allemand par Jean Bréjoux, Paris, PUF, 1956, p. 273.

brillant article de 1955 (également repris dans le livre de 1962) où il propose d'expliquer genèse et fonction de certains aspects de la conception que les auteurs courtois avaient de leur propre activité artistique, en recourant non à de vagues sources latines mais plutôt aux ouvrages français eux-mêmes, aux relations synchroniques et diachroniques existant entre eux et au public auquel ils étaient destinés, c'est-à-dire, au « champ » littéraire de leur « production » et leur « réception[1] ». Köhler doit cette suggestion à Ernst Robert Curtius qu'il cite au début de son article et que nous voulons citer ici un peu plus amplement parce qu'il s'agit d'une constatation extrêmement importante pour la recherche : « Les excursus numérotés de VII à XII[2] constituent des fragments d'une "histoire de la théorie poétique". J'entends par là l'idée de la nature et du rôle du poète et de la poésie, par opposition à la "poétique", laquelle s'occupe de la composition poétique et de sa technique. La distinction entre "théorie poétique" et "poétique" est précieuse pour la science. Que les deux choses soient connexes en fait et s'interpénètrent souvent, ce n'est pas une objection. L'histoire de la théorie poétique ne coïncide pas avec celle de la poétique, ni avec celle de la critique littéraire. La conception que le poète a de sa propre personne (nous en parlerons dans Excursus XII) ou l'opposition entre poésie et science (Excursus XI) sont les thèmes principaux d'une histoire de la théorie poétique, non d'une histoire de la poétique elle-même[3] ».

Il nous paraît opportun de préciser trois points :

- Curtius utilise *poétique* avec l'acception traditionnelle du terme latin *ars poetica*, c'est-à-dire, avec l'acception de « système de règles explicites (soit en latin soit dans une langue vulgaire) d'après lesquelles un poème (ouvrage poétique) doit être composé », et non avec l'acception de « système de règles implicites qui guident la création artistique ».
- Le terme allemand de « Selbstauffassung », que Jean Bréjoux a traduit par la périphrase « la conception que le poète a de

1 *op. cit.*, p. 9-20 (« Zur Selbstauffassung des höfischen Dichters »).

2 Voici les titres de ces six *excursus* : (VII) « L'existence du poète au Moyen Âge », (VIII) « La folie divine du poète », (IX) « La poésie et l'immortalité », (X) « La poésie considérée comme passe-temps », (XI) « La poésie et la scolastique », (XII) « Fierté du poète » (p. 573-591).

3 *op. cit.*, p. 573.

sa propre personne », est, si nous ne nous trompons pas, un néologisme, d'ailleurs très plausible, que Curtius propose ici (et que Köhler avait choisi comme point de départ de l'article cité) ; ce néologisme implique la suggestion très originale d'étudier de plus près les textes où l'auteur parle de lui-même, de ses propres ouvrages et de son public. Les différents résultats d'une telle étude se résument, là où ils forment un tout cohérent, dans ce que Curtius appelle « théorie poétique » (dans le cas contraire, là où cela n'est pas possible, nous préférerions parler d'« éléments » d'une théorie poétique) ; il s'agit par conséquent d'une théorie *explicite.* Cette théorie poétique a sa propre histoire, laquelle est une des dimensions de l'histoire littéraire.

– Il est très juste de dire que la critique poétique (explicite) n'est pas identique à la théorie poétique (explicite) ; il faut cependant préciser non seulement, comme le fait Curtius, que les deux activités « s'interpénètrent souvent », mais que toute critique poétique présuppose une théorie poétique (au moins implicite) qui la guide.

Il est d'ailleurs très intéressant d'observer que Curtius est, quoi qu'on ait dit, très loin de penser que toute remarque théorique ou critique de la part des auteurs en langue vulgaire aurait sa source précise dans la tradition latine. Par là, il partage, sans en parler, l'opinion d'Edmond Faral, tous les deux d'excellents connaisseurs – probablement les meilleurs de leur génération – de la tradition latine.

Réexaminons tout de même le problème des rapports entre les *artes poeticae* / *artes rhetoricae*, d'une part, et les textes critiques et théoriques des auteurs français, de l'autre.

ARTES POETICAE / ARTES RHETORICAE ET LITTÉRATURE FRANÇAISE MÉDIÉVALE

Aux XIIe et XIIIe siècles qui nous intéressent ici tout particulièrement, on disposait en France d'un assez grand nombre d'ouvrages « scientifiques », naturellement écrits en latin et consacrés, dans le cadre du *trivium*, à la « production » littéraire : la *Poétique* d'Horace et les *Rhétoriques* de l'Antiquité, surtout le *De inventione* de Cicéron, appelé au Moyen Âge *Rhetorica vetus*, et la *Rhetorica ad Herennium*, également considérée comme ouvrage de Cicéron et appelée *Rhetorica nova* ou *secunda*, ainsi que les *artes poeticae*, les traités de grammaire et les *artes dictaminis* du Moyen Âge. Tous ces traités étaient des manuels pédagogiques, pour ainsi dire, c'est-à-dire des manuels contenant les règles et les moyens techniques qu'il fallait employer pour composer un texte, et non une théorie de la littérature. L'écart entre les poétiques et les grammaires médiévales, d'une part, et, de l'autre, la littérature latine de la même époque, est évident. Il suffit, pour s'en convaincre, de rappeler que les poétiques ignorent complètement les grandes œuvres écrites dans la même langue et assez souvent dans la même région qu'elles. Il y a tout de même, dans ces poétiques, deux domaines qui pourraient être considérés comme utiles non seulement pour la production littéraire en latin mais encore en langue vulgaire : ce sont le domaine du style (*elocutio*) et celui de la métrique.

Pour ce qui est de la métrique, il faut, de prime abord, faire une distinction entre théorie et pratique. D'un côté, tous les genres de vers français, l'octosyllabe, le décasyllabe, le dodécasyllabe et les vers courts, ont leur préhistoire respective dans la tradition lyrique latine à l'opposé, par exemple, de la laisse qui est une création gallo-romane, probablement du XIe siècle. De l'autre côté, il n'y a, sur le plan terminologique, que très peu d'emprunts. Il suffit ici de faire remarquer que la *laisse*, naturellement absente des traités latins, et pour laquelle il a fallu forger un terme technique français (voir les attestations dans l'Index terminologique), ainsi que la caractéristique la plus importante du vers français, la *rime*, terme également appartenant à la langue vulgaire, démontrent l'écart très net entre l'enseignement scolaire et le langage technique des poètes français ; un des exemples les plus significatifs est peut-être la façon dont Guernes de Pont-Sainte-Maxence décrit la structure strophique de son poème (voir texte 27, v. 6164 : *Li vers est d'une rime en cinc clauses cuplez*). Il est vrai que nos prologues attestent aussi, dans le domaine de la métrique, des emprunts au latin : *metre*, par exemple, et *vers* (dont l'étendue sémantique n'est d'ailleurs pas identique à celle de *versus*), ou *consonancie*, (*rime*) *consonante* et (*rime*) *leonime* (où la consonne *m* est toujours assurée par la rime ; voir l'Index terminologique) ; mais ces emprunts sont de nombre très réduit et ne concernent pas l'essentiel. Ils sont, cependant, intéressants car ils démontrent que nos poètes, sûrement pas tous, sont allés à l'école.

L'*elocutio*, troisième partie de la rhétorique, dont la première est l'*inventio* et la deuxième, la *dispositio* (les deux dernières, *memoria* et *actio*, sont sans intérêt pour le Moyen Âge), traite des préceptes à observer lors de l'élaboration stylistique du discours. Quand on consulte, sous ce point de vue, notre Index terminologique, on constate non seulement que le terme *elocucion*, lui-même, y figure mais aussi d'autres notions de style empruntées soit à la rhétorique soit à la grammaire, dont les doctrines se réunissent d'ailleurs dans la tradition médiévale : *descripcion*, par exemple, ou *difinicion*, *iparbole* et *metaphore*. Ces notions ont leur place précise dans le chapitre consacré à l'*ornatus* (« ornements stylistiques ») ; ce chapitre, le plus « noble », pour ainsi dire, de l'*elocutio*, présente entre autres une série de tropes (métaphore etc.) et une deuxième, celle-là beaucoup plus longue, de figures (exclamation, comparaison etc.). « L'*ornatus* », a dit Paul Zumthor, « repose sur une conception profondément enracinée dans la mentalité et le goût du moyen âge. L'art littéraire apparaît principalement comme un art de l'ornementation[1] ». Cela ne veut naturellement pas dire qu'il serait possible de réduire telle ou telle particularité stylistique d'un texte français au précepte qui y correspond dans le chapitre sur l'*ornatus* car une grande partie des procédés recommandés tiennent à la nature même du langage ou de l'imagination de celui qui écrit, comme Zumthor ajoute très justement un peu plus tard[2]. Ici encore, il faut faire une différence très nette entre théorie et pratique : d'un côté, on chercherait en vain, dans

1 P. Zumthor, « Rhétorique et poétique latines et romanes », *Grundriss der romanischen Literaturen des Mittelalters, Généralités*, édit. H. R. Jauss / E. Köhler, vol. 1, Heidelberg, Winter, 1972, p. 56-91 (citation, p. 69).

2 *op. cit.*, p. 77.

les remarques théoriques des auteurs français des XIIe et XIIIe siècles, un trait caractéristique du système des règles latines sur le style ; de l'autre côté, il n'y a pas de doute que l'enseignement scolaire où l'analyse lexicale et stylistique d'un texte latin, pour rudimentaire qu'elle ait été, familiarisait les écoliers avec certains aspects de la langue et du style d'un texte latin, pouvait porter ses fruits, de manière indirecte au moins, quand il s'agissait, à l'âge adulte, de composer un ouvrage en langue vulgaire.

Mais n'y a-t-il pas une exception, assez bien connue d'ailleurs, qui affaiblit la validité de notre affirmation ? Les troubadours provençaux (non les poètes lyriques français de la même époque), n'ont-ils pas emprunté, vers le milieu du XIIe siècle, leur théorie des deux styles (*clus* « obscur »– *leu* « facile') à la doctrine des *artes poeticae* ? La théorie des deux styles (des deux modes d'*ornatus*) part, visible déjà dans l'enseignement scolaire du milieu du XIIe siècle, d'une distinction systématique, connue de la tradition latine, entre tropes et figures, avec l'idée, celle-là tout à fait étrangère à l'Antiquité, d'attribuer aux tropes plus de dignité élocutionnelle qu'aux figures. Cette opposition ne se précisera guère avant Geoffroi de Vinsauf, qui en traite surtout dans sa *Poetria nova* (vers 1210). Geoffroi, cependant, n'est pas, comme on peut encore le lire dans le livre de Tilliette[1], l'inventeur du couple terminologique *ornatus difficilis – ornatus facilis*, lequel n'apparaît qu'une génération plus tard dans la *Poetria* de Jean de Garlande. Par la suite, ce couple ne joue plus aucun rôle ni dans la théorie ni dans la pratique mais resurgira miraculeusement, après Edmond Faral[2], chez de nombreux amateurs de la littérature médiévale. Aussi a-t-on voulu voir dans cette opposition la source immédiate du concept troubadouresque du *trobar clus* opposé au *trobar leu*. Il n'en est rien. Abstraction faite des difficultés chronologiques et fonctionnelles, genèse, évolution et abandon du concept en question s'expliquent par l'histoire mouvementée même de la poésie des troubadours du XIIe siècle, sans recourir aux traités latins ; il est d'ailleurs toujours possible que des structures binaires surgissent spontanément, ce qui vaut même pour des théories rudimentaires[3].

---

1 J.-Y. Tilliette, *Des mots à la parole, une lecture de la Poetria nova de Geoffroy de Vinsauf*, Genève, Droz, 2000, p. 117-134.

2 E. Faral, *Les Arts poétiques du XIIe et du XIIIe siècle. Recherches et documents sur la technique littéraire du Moyen Âge*, Paris, Champion, 1924.

3 C. Schwarze, dans son compte rendu de notre livre, *Romanistisches Jahrbuch*, 21 (1970), p. 234.

Examinons encore, dans le cadre de nos brèves remarques sur les rapports éventuels entre théorie latine et théorie française, un dernier détail : le prologue même. Les *artes poeticae* ne disent rien ou presque du prologue (appelé le plus souvent *exordium* ou *proemium*), alors que les *artes rhetoricae* en parlent longuement, en général au début de leurs instructions concernant l'*inventio.* C'est là par exemple le cas du *De inventione* (livre I) de Cicéron et de la *Rhetorica ad Herennium* (livre I). Pour mieux mesurer l'écart fondamental entre la tâche de l'orateur (celui qui prononce un discours juridique – les deux autres *genera orationis* sont sans importance pour notre propos) et celle de l'auteur français, il suffit de rappeler que l'orateur s'adresse à trois genres de destinataires motivés par un intérêt assez différent : l'adversaire, l'audience et le juge. Naturellement, l'orateur souhaite qu'on lui soit bienveillant et qu'on l'écoute avec attention (Cicéron utilise les formules *benevolentiam comparare* et *attentos facere*)[1]. On ne s'étonnera certes pas de trouver les mêmes souhaits exprimés dans les prologues français, non seulement des chansons de geste mais aussi, quoique moins régulièrement, des romans. Il va sans dire qu'il ne s'agit pas ici d'une idée empruntée aux théoriciens romains car souhaiter ou demander la bienveillance et l'attention du public tient à la situation même où se trouvent jongleurs ou auteurs médiévaux.

Il n'est peut-être pas nécessaire de discuter les arguments que Cicéron et l'auteur anonyme développent par la suite puisqu'ils sont tous bien éloignés, du point de vue systématique et fonctionnel, de ce qui est important pour nos auteurs français. Tony Hunt, cependant, a tenté de prouver le contraire. Commençant, dans son étude de 1970, par une présentation très utile de la tradition rhétorique des préceptes concernant le prologue, il avance l'hypothèse que Chrétien de Troyes aurait emprunté pour la partie introductive de son *Ivain* (v. 1-174) – notons que ce roman ne possède pas de prologue au sens traditionnel du terme ! – une série de moyens techniques définis à propos de l'*insinuatio* (*De inv.*, I 22-25, *Rhet.*, I 9-11)[2]. Il s'agit là d'un procédé particulier apte à gagner l'attention des auditeurs dans les trois cas « difficiles »ou « insolites »(*admirabiles*) suivants : ou bien les auditeurs sont fatigués ou bien l'adversaire vient

1 La formule *captatio benevolentiae*, aujourd'hui d'un usage commun, n'est pas attestée, semble-t-il, avant Boèce. Elle s'est probablement répandue depuis l'époque des humanistes.

2 T. Hunt, « The Rhetorical Background to the Arthurian Prologue », *Forum for Modern Language Studies*, n° 6, 1970, p. 1-23.

de prononcer un discours convaincant ou bien la cause elle-même est repoussante (*turpis*). Bien sûr que Chrétien introduit des plaisanteries, parle de lui-même etc. Mais tous ces détails prouvent seulement que Chrétien était un narrateur génial, et on ne peut pas ne pas voir que les trois circonstances citées démontrent que le romancier en tant qu'auteur qui lit le roman devant son public (v. 33-34 : *Por ce me plest a reconter / chose qui face a escouter*) se trouve dans une situation toute différente de celle de l'avocat romain. Il va de soi que l'interprétation que Hunt donne de la longue partie introductive du roman, est très fine et garde toute sa valeur, abstraction faite des soi-disant sources narratologiques qu'il évoque.

Qu'on ne nous comprenne pas mal ! Nous sommes, il est vrai, très sceptique lorsqu'on « découvre », à propos de tel ou tel procédé narratif, des « sources » latines, nous le sommes encore davantage lorsqu'on parle d'emprunt dans le domaine de la théorie littéraire mais, cependant, il est évident que les auteurs médiévaux, dans leurs prologues et ailleurs, ont emprunté des motifs littéraires aux modèles latins. Curtius appelle ces motifs « topoi[1] ». Cette notion de « topos » s'est imposée, et la recherche, à ce sujet, a largement profité des travaux de Curtius bien que le choix du terme provienne d'une erreur : en effet *topos*, chez les Anciens, ne désignait jamais l'argument concret (*argumentum*, c'est-à-dire le « motif », au sens moderne) mais plutôt le principe générateur (*argumenti sedes*) permettant de trouver des arguments[2].

CONSCIENCE LITTÉRAIRE ET SUBJECTIVITÉ LITTÉRAIRE

Que faut-il entendre par subjectivité littéraire ? À cette question posée au début de son livre important (1985), Michel Zink répond : « Non pas, bien évidemment, l'effusion spontanée ou l'expression véritable

---

1 Voir, par exemple, ses remarques sur la « topique de l'exorde » et sur la « topique de la conclusion », p. 106-113 ; voir aussi les notices bibliographiques en tête de nos textes ainsi que l'Index thématique.

2 Voir notre article sur l'histoire du terme « Topos », *Enzyklopädie des Märchens, Handwörterbuch zur historischen und vergleichenden Erzählforschung*, édit. R. W. Brednich, Berlin, Walter de Gruyter, vol. 13, 2009, col. 777-782.

dans un texte de la personnalité, des opinions ou des sentiments de son auteur. Mais ce qui marque le texte comme le point de vue d'une conscience[1] ». Voilà donc, ce qui nous paraît décisif, les deux notions accouplées : subjectivité (littéraire) et conscience (littéraire). Par la suite, Zink centre son étude, comme l'avait annoncé le titre, sur l'époque de saint Louis laquelle est présentée, de manière très suggestive, comme une « période-seuil » (p. 17). Nous devons renoncer à résumer ici les résultats de l'étude de Zink (en revanche, nous avons indiqué, pour plusieurs textes, les pages respectives de son livre), en reprenant une autre question qu'il s'est posée et qui concerne les débuts de la conception qui mènent, au XIIIe siècle, à l'éclosion de la « subjectivité littéraire ». Des débuts, y en a-t-il, à proprement parler ? Oui, dit Zink, ils sont visibles dans le roman du XIIe siècle : « Dans le roman le je ne renvoie qu'à l'auteur. Ce ne peut être que lui qui, dans les prologues, énumère ses ouvrages antérieurs, livre sa méthode de composition, s'adresse à un dédicataire[2] ».

La mention des trois termes « prologue », « ouvrages antérieurs » et « dédicataire » nous ramène à notre sujet principal (genèse et évolution d'une théorie littéraire en France) et nous invite à examiner s'il n'est pas possible d'aller au delà du milieu du XIIe siècle pour savoir s'il y a, dans les vieux poèmes, des indices qui préparent dans un certain sens la nouvelle conception que les auteurs courtois expriment, surtout dans les prologues, de leur propre activité. Comme notion conductrice, nous ne choisissons pas celle de « subjectivité littéraire » mais plutôt l'autre notion centrale de Zink, celle de « conscience littéraire ». Nous nous servons pour nos observations de deux critères seuls, le rôle du je-narrateur (y compris quelques autres gestes « autoréférentiels ») et la fonction du nom propre de l'auteur.

LE JE-NARRATEUR

Ce *je*, instance centrale, techniquement parlant, de la narration, se rencontre déjà dans la *Chanson de saint Alexis* (milieu du XIe siècle), non au prologue, qui présente, de façon très savante d'ailleurs, le sujet du poème, mais au cours du récit. Trois fois, par exemple, il apparaît sous

1 M. Zink, *La subjectivité littéraire. Autour du siècle de saint Louis*, Paris, PUF, 1985, p. 8.

2 *op. cit.*, p. 31.

la forme du « topos de l'ineffable »(*ne vus sai dire*), puis, d'une autre manière, là où il fait un retour en arrière reprenant le fil d'action qu'il avait laissé tomber (*Or revendrai al pedra ed a la medra*) – ceci d'ailleurs *in nuce* le procédé d'« entrelacement » qui sera magistralement développé par Chrétien de Troyes et, plus tard, dans le *Lancelot* en prose. Mais il y a encore autre chose. Le narrateur ne s'introduit pas seulement comme un *je* mais s'intègre aussi dans une collectivité : *Deus nus vint salver*, dit-il, ou bien *cum esmes avoglez* ou bien, dans la strophe finale, dans une petite cascade de formes de la première personne du pluriel : *aiuns, preiuns, dimes*, sommant le public de réciter, avec lui-même, le *Pater*. L'auteur-narrateur adopte, comme on le voit, une position devant son public ainsi que par rapport à son récit, matériellement et formellement. Il n'indique cependant pas son nom ; mais nous savons par le témoignage contemporain d'un moine de Fontenelle qu'il n'était pas exclu du tout de parler d'un certain Thetbaldus, auteur d'agréables *cantilenae* en langue vulgaire[1].

Remontant au Xe siècle, nous pouvons constater que les mêmes indices techniques s'observent déjà dans la *Chanson de saint Léger* et dans la *Passion du Christ* : mise en relief du je-narrateur, interpellation du public, présentation de la « matière » et disponibilité de la forme (annonce précise du plan du récit, reprise d'un fil d'action interrompu et même, à la fin de la *Passion*, l'emploi d'une variante du « topos de l'incapacité » : l'auteur dit ne pas pouvoir exclure d'avoir commis des erreurs dans son récit).

Lorsqu'on se résout à porter un jugement d'ensemble, dans notre perspective, sur les trois poèmes religieux, on peut se demander s'il n'est pas malgré tout légitime de parler d'une « conscience » littéraire de la part de leurs auteurs bien qu'il soit évident qu'ils ont composé leurs œuvres *ad majorem Dei gloriam* pour édifier leur public et non pour le divertir. Nous laissons cette question ouverte pour jeter encore un bref regard sur la *Chanson de Roland* (fin du XIe siècle).

Dans cette chanson, la palette des gestes autoréférentiels (terme d'ensemble que nous proposons pour les indices narratifs discutés) n'est pas identique à celle des poèmes antérieurs. Il y a là surtout le renvoi à la source écrite (peu importe s'il s'agit d'une source imaginaire ou non),

---

1 Passage latin cité par G. Paris, *La Vie de saint Alexis*, Paris, Franck, 1872 (*BEHE* 7), p. 44 (voir texte 24).

d'autres remarques confirmant l'authenticité du récit et, passage particulièrement intéressant, le nom, à la troisième personne, du narrateur (vers final : *Ci faut la geste que Turoldus declinet*).

LE NOM PROPRE DE L'AUTEUR

Il n'est pas superflu d'établir comment il faut comprendre ce vers final, d'autant moins que, jusqu'au temps le plus récent, les traducteurs hésitent devant le verbe *decliner*. Ernest Hoepffner, cependant, avait déjà trouvé le mot de l'énigme. Dans sa belle édition de la *Chanson de sainte Foy*, composée autour de 1060 et où le même verbe, dans une construction tout à fait analogue, est utilisé au prologue, il lui attribuait l'acception « faire connaître, révéler[1] ». Notre vers final signifie par conséquent : « Ici prend fin l'histoire que Turoldus fait connaître ». Reste le problème de Turoldus. Dans une excellente contribution portant le joli titre « Préhistoire d'*O* » (*O* est le sigle du ms. d'Oxford)[2], Aurelio Roncaglia avait proposé, considérant le milieu préuniversitaire d'Oxford de la fin du XIe siècle comme lieu d'origine de la *Chanson de Roland*, d'identifier Turoldus avec Théroulde abbé de Peterborough, lequel en serait donc l'auteur. Cette identification se heurte cependant à une difficulté grave : la laisse finale qui figure dans le seul ms. d'Oxford, ne peut pas, d'après les recherches de Cesare Segre, être qualifiée d'authentique[3] ; Turoldus ne désigne par conséquent pas l'auteur de la *Chanson de Roland* mais peut fort bien désigner le rédacteur de la version, plus jeune, d'Oxford qui, elle, daterait – et nous resterions ainsi dans le cadre de l'argumentation de Roncaglia – de la fin du XIe siècle ; ou faut-il être encore plus précautionneux et ne pas aller au delà de la date du manuscrit (vers 1130) ?

Peu importe si le nom de Turoldus appartient encore au XIe siècle ou aux années d'autour de 1130, c'est là en tout cas la première attestation d'un nom propre du narrateur-rédacteur figurant dans une chanson de geste, et il faut attendre jusqu'en 1180 (Bertran de Bar-sur-Aube) pour en trouver d'autres. Mais il y a encore une autre particularité intéressante : il s'agit d'une attestation de l'Angleterre francophone, car c'est là et non en France que nous rencontrons, dans la première moitié du XIIe siècle, le plus

1 E. Hoepffner, *La Chanson de sainte Foy*, Paris, Les Belles Lettres, 1926, vol. 1, p. 253.

2 *VIII Congreso de la Société Rencesvals*, Pamplona, Institución Príncipe de Viana, 1981, p. 413-416.

3 C. Segre, *La Chanson de Roland*, Edizione critica, Milano, Ricciardi, 1971, p. ix-xxxv.

grand nombre de témoignages analogues qui démontrent tous, semble-t-il, que les auteurs respectifs étaient bien conscients de leur travail littéraire.

Le premier est probablement le moine (*apostoile*) Benedeiz qui se nomme au prologue de son *Voyage de saint Brendan* (vers 1106), *en letre mis et en romanz* (v. 11) pour la reine Mahault et refait, après la mort de celle-ci (1118), en l'honneur de la reine Adèle. Le corps de l'ouvrage, très original par sa forme métrique, ne contient pas de remarque d'intérêt poétologique (le je-narrateur n'y figure qu'une seule fois) mais, dans le prologue, Benedeiz souligne « qu'il a dit tout ce qu'il savait et fait tout ce qu'il pouvait »(v. 15).

Philippe de Thaon, dont les ouvrages didactiques – tous des adaptations de modèles latins –, s'échelonnent de 1110 à 1150 environ, exprime la conscience qu'il a de son propre travail de façon particulièrement nette. Il écrit des prologues, livre toujours son nom propre, parle de lui-même (*Comput*, v. 12 : *Içо vus di par mei*), mentionne ses dédicataires, emploie fréquemment le je-narrateur, et commente même, à la fin de son *Bestiaire*, son propre procédé : il se résout à changer le mètre (remplacement du vers de six syllabes par l'octosyllabe) « pour mieux arranger mon discours »(v. 2889-2890 : *Or voil je mun metre müer / Pur ma raisun mielz ordener*).

L'*Estoire des Engleis* de Geffrei Gaimar est le premier ouvrage français d'historiographie qui nous soit parvenu. A en juger par les deux épilogues (voir texte 95 ; un prologue ne nous a pas été transmis), l'auteur a publié son *estoire* deux fois, en 1137 et en 1141. Dans les deux éditions, Gaimar se nomme lui-même (v. 6508 : *Ore dit Gaimar* ; épilogue, v. 1 : *Ci vuil ore finir m'estoire*). Il nomme aussi ses deux prédécesseurs (Davit et la reine Aeliz), et il ajoute qu'il pourrait même continuer son histoire en vers (v. 6510 : *vers trover*) mais qu'il préfère laisser la suite à quelqu'un d'autre car il pense que les *bels faiz d'amor* (etc.) à la cour du roi devraient être chantés et non contés dans un ouvrage d'historiographie. Cette remarque de Gaimar mérite toute notre attention. Sauf erreur, il s'agit là, pour la première fois dans la littérature française, d'une manifestation de la conscience assez claire de la diversité fonctionnelle des genres littéraires comme nous la retrouverons plus tard par exemple dans le prologue de Jehan Bodel (voir texte 7).

Quant à Wace, auteur de plusieurs ouvrages religieux et historiques, à qui nous pouvons également attribuer une conscience très nette de la diversité fonctionnelle des genres littéraires (voir textes 96 et 97), nous nous limitons, puisque son œuvre montre une gamme assez large d'attestations de sa conscience littéraire, à citer l'amusant passage où il constate, dans le prologue du *Roman de Rou*, que les savants ne trouvent plus de mécène et qu'ils n'entendent, pour les encourager, que de vaines paroles : « Très bien écrit Maître Wace ; vous devriez toujours écrire car vous savez si bien écrire et si bellement » (voir texte 97, v. 158-160).

Avec Wace, nous dépassons déjà le milieu du XIIe siècle ; voilà pourquoi nous terminons ici notre complément aux constatations de Michel Zink. Qu'il nous soit néanmoins permis d'appeler l'attention sur deux textes de la fin du siècle qui montrent que leurs auteurs, eux aussi des Anglais, utilisent un moyen très efficace pour assurer leur propriété littéraire[1]. Simund de Freine (voir texte 29) et Robert de Ho (voir texte 87) signent leurs poèmes en acrostiche (Robert en outre par anagramme) – procédé, il est vrai, répandu dans la tradition latine mais sans exemple dans la littérature française antérieure[2]. A l'opposé de Simund, Robert explique sa double énigme (v. 2893-2904) : « Celui qui se donne un peu de peine et veut connaître Trebor [anagramme de Robert], devra compter dix vers et puis regarder toutes les têtes [initiales] à rebours et puis rebrousser chemin. Ainsi, il apprendra et verra son vrai nom [Robert de Ho] ; [et afin que chaque lecteur comprenne, l'auteur ajoute :] il doit commencer par *Cherubyn* (v. 2892) et puis monter tant qu'il trouve écrit *doctriner* (v. 2883) ; entre ces deux mots, il pourra trouver le nom ». L'emploi de l'acrostiche prouve indubitablement que les deux auteurs ont travaillé avec une conscience lucide de leur création littéraire ; l'emploi de l'acrostiche démontre en outre que les deux poèmes qui étaient naturellement destinés à la lecture devant un public (Simund, v. 7), étaient en même temps destinés à la lecture individuelle et privée. Il est difficile de trouver des textes français du XIIe siècle pour qui on peut affirmer la même chose avec la même assurance.

---

1 Marie, originaire de France mais vivant en Angleterre, reprend, dans son *Esope* (voir texte 71), une formule qu'elle avait déjà utilisée dans le lais *Guigemar* (voir texte 70), en la précisant, cependant, énergiquement. Elle indique son nom propre dans l'épilogue afin qu'aucun autre auteur ne puisse revendiquer l'*Esope* pour lui-même ; celui qui « s'oublie », c'est-à-dire qui ne dit pas qui il est et ce qu'il a fait, agit mal, dit-elle.

2 Simund signe ses deux ouvrages postérieurs (*Roman de Philosophie* et *Vie de saint Georges*) de la même manière : *Simund de Freine me fist* (v. 1-20, dans les deux cas).

THÉORIE LITTÉRAIRE – CRITIQUE LITTÉRAIRE – POÉTIQUE

Depuis les années 1960 environ, on peut observer que la notion de poétique est employée dans la recherche avec un sens particulier et qui est essentiellement différent de celui, traditionnel, que nous avons constaté encore chez Curtius. On se rappelle que Curtius avait proposé de distinguer méthodiquement théorie littéraire (= théorie explicite de l'auteur), critique littéraire (= critique explicite soit d'un auteur soit de quelqu'un d'autre) et poétique (= traité des règles à observer pour composer un texte). Quant à nos prologues, on voit par exemple que Jehan Bodel formule une théorie de l'existence, dans la littérature française, de trois grands genres narratifs (voir texte 7), et que Thomas d'Angleterre critique ses prédécesseurs parce qu'ils n'ont pas conté l'histoire de Tristan correctement (voir texte 41). La critique de Thomas contient – Curtius avait attiré l'attention sur ce phénomène d'interpénétration – un élément théorique (la catégorie de la vraisemblance), ce qui vaut d'ailleurs aussi pour la première poétique française, l'*Art de dictier* (1392) d'Eustache Deschamps (la poésie lyrique en tant que science).

En 1967 fut fondée la revue allemande *Poetica*, trois ans plus tard, en France, la revue *Poétique*, toutes les deux se dégageant programmatiquement des méthodes traditionnelles de critique littéraire. En cette même année 1970 – coïncidence peut-être significative –, trois éminents médiévistes, Paul Zumthor, Hans Robert Jauss et Eugène Vinaver, ont publié des études méthodologiques où le terme de poétique n'est plus utilisé avec le sens de Curtius[1]. Zumthor met le terme dans le titre de son livre : *Essai de poétique médiévale*. Comment le comprend-il ? Cela n'est pas facile à dire puisque l'auteur ne donne pas de définition précise, mais plutôt des éléments d'une définition qui sont répartis en divers endroits du livre ; en voici quelques-uns : « La Poétique [toujours avec majuscule !] nous renseigne sur le processus de production du texte et sur son fonctionnement interne » (p. 11) ; « une Poétique médiévale ne peut écarter toute perspective historique » (p. 58) ; « la Poétique ne peut

---

1 P. Zumthor, *Essai de poétique médiévale*, 2e éd. avec une préface de M. Zink, Paris, Éd. du Seuil, 2000. – H. R. Jauss, « Littérature médiévale et théorie des genres », *Poétique*, 1 (1970), p. 79-101. – E. Vinaver, *A la recherche d'une poétique médiévale*, Paris, Nizet, 1970.

être que nominaliste » (p. 145) ; « l'étude de la narrativité ne relève de la Poétique que de manière indirecte » (p. 177). *Poétique* est donc, d'après l'auteur, une discipline ou plutôt une méthode d'interprétation qui se sert de plusieurs disciplines auxiliaires (linguistique, histoire, sociologie etc.) pour interpréter « les formes de parole et d'écriture, objet de mon étude » (p. 8) dans l'axe synchronique et diachronique ainsi qu'à l'égard de leur fonction sociale.

Nous sommes loin de critiquer cette conception du terme ; il est, cependant, intéressant d'observer que tous les critiques (nous restons dans le domaine de la littérature française de Moyen Âge) n'emploient pas le terme avec le même sens. Jauss, par exemple, l'utilise avec l'épithète « immanente » : la « poétique immanente » des textes médiévaux est ce qui les caractérise dans leur individualité, dans les rapports existant entre eux, dans leur succession historique et leur fonction sociale, peu importe si les auteurs sont conscients ou non de tous les aspects de leurs créations. La *via regia*, que Jauss propose pour étudier la poétique immanente de la littérature médiévale, est une théorie des genres littéraires, théorie très originale qu'il expose dans sa contribution au premier volume de la revue *Poétique*. La théorie des genres est par conséquent une méthode d'investigation dont l'objet est la poétique immanente des œuvres d'art. Et en ce qui concerne la théorie explicite de l'auteur, Jauss, étendant son regard au delà de la littérature médiévale, constate : « [...] la coïncidence – jamais atteinte parfaitement – entre théorie et pratique, plus exactement entre théorie explicite, poétique immanente et production littéraire, fait à son tour partie des facteurs qui conditionnent en son processus la manifestation historique d'un genre littéraire[1] ».

Vinaver, quant à lui, emploie le terme de poétique à peu près avec le même sens que Jauss. Il ne le définit pas expressément quoiqu'il le mette, tout comme Zumthor, dans le titre de son livre *A la recherche d'une poétique médiévale*. Dans la préface du livre, cependant, il y a une remarque précieuse qui équivaut presque à une définition : « Cette force seule [la force créatrice de l'artiste, d'après Goethe] – autonome et pourtant subordonnée à la logique des formes dans leur mouvement – voilà qui définit le domaine propre de toute poétique historique[2] ». Vinaver, qui ne discute pas de la problématique des genres littéraires, développe sa

1 *op. cit.*, p. 90.
2 *op. cit.*, p. 12.

conception d'une approche adéquate des œuvres médiévales en mettant en relief dans quelle mesure les préjugés classicistes et (post-) romantiques ont guidé l'opinion de son maître Joseph Bédier sans que celui-ci en ait été conscient. Il faut absolument, dit Vinaver, se libérer de ces préjugés sans quoi on n'arrivera jamais à regagner l'horizon historique où se placent les œuvres. La méthode qu'il recommande, est, comme on le voit, strictement herméneutique. L'interprète a la tâche de décrire comment les textes sont réellement faits, ce qui présuppose la tentative de repérer les différentes lignes stylistiques, conceptuelles et sociales qui les lient les uns aux autres. C'est ainsi qu'il sera possible, au moins approximativement, de reconstituer la poétique qui les conditionne[1].

Actuellement, semble-t-il, l'acception de poétique comme Jauss et Vinaver entendaient le terme, s'est imposée bien qu'on puisse observer que la conception de Zumthor, elle aussi, n'était pas sans influence sur la critique postérieure. En 2002, Alain Michel a accouplé, dans le titre du volume par lui édité, les termes *poétique* et *rhétorique*. On a l'impression qu'il s'agit de deux synonymes car il dit que « la rhétorique médiévale [...] paraît se réduire à une esthétique [...] la rhétorique, science ou art du langage dans ses applications créatrices, a [sc. actuellement] tendance à se confondre avec la poiétique [< ποιητικη] dans ses démarches générales[2] ». Le jugement de Michel est certes exact. Quant à nous-même, nous ne suivons pas cet usage, au moins pas dans le livre présent.

Avant de revenir aux prologues et aux problèmes de la critique explicite qu'ils posent, nous voulons faire un petit détour qui nous permettra de répondre à la question suivante : n'existe-t-il pas, en dehors des prologues, de procédés de critique littéraire soit implicite soit explicite qui, eux aussi, devraient être pris en considération pour une histoire de la critique littéraire française du Moyen Âge qui n'a toujours pas été écrite jusqu'ici ?

---

1 Voir aussi son deuxième chapitre, intitulé « Vers une definition », p. 31-47.

2 *Rhétorique et Poétique au Moyen Âge*, Actes du colloque organisé à l'Institut de France, édit. ~ Michel, Turnhout, Brepols, 2002, p. 13.

CRITIQUE LITTÉRAIRE EXPLICITE ET CRITIQUE LITTÉRAIRE IMPLICITE

DEUX PARODIES

Une parodie littéraire présuppose, du côté du public, la connaissance soit de l'ouvrage soit du genre littéraire auquel elle se réfère. Elle établit une distance par rapport à son objet, distance qui peut être celle de la plaisanterie qui ne révoque pas réellement en doute les valeurs préconisées par l'objet parodié, ou bien celle de la raillerie agressive qui a le but de les réfuter. Il suffit ici de donner deux exemples : le *Pèlerinage de Charlemagne*, de peu postérieur à la deuxième croisade, et la première partie (branche II-Va) du *Roman de Renart*, composé en 1177, au plus tôt.

Le *Pélerinage* est, comme le prouvent la métrique, le sujet (opposition France – Orient), les personnages (Charles et ses Francs), plusieurs motifs (l'importance des reliques, par exemple) et le dénouement (triomphe de Charles), une chanson de geste. Est-elle en même temps une parodie du genre ? On reconnaît tout de suite la stylisation comique de la plupart des épisodes : l'empereur infatué et son épouse malicieuse devant l'église, l'admiration insipide des merveilles de Constantinople, les *gaps* gymnastiques, érotiques ou violents devant l'empereur byzantin. Mais une chose est bien évidente : la fin de la chanson montre clairement que Charles est en réalité plus grand que Hugon, que la malice de son épouse a été une folie, que les *gaps* sont couronnés de succès parce que les Francs possèdent les reliques. Le fait que la scène finale de la chanson soit contée d'un ton sérieux, que l'importance de Saint-Denis paraisse indubitable, que la France s'avère protégée par Dieu, démontre que le poète partage dans une large mesure l'idéologie des chansons de geste antérieures, avec, cependant, une différence intéressante : Charles n'a pas vaincu son adversaire dans une bataille mais par des moyens pacifiques (début de la laisse finale : *Mout fu liez et joios Charlemaignes li ber / Qui tel rei at cunquis senz batalle champel*). La joie de Charles est la joie d'un empereur qui aime la paix. Peut-on admettre que cette « correction », par le poète, de la politique du « Charlemagne épique », est influencée par un autre grand roi littéraire, par Arthur de Bretagne qui a régné *en cele grant pes*, dont parle Wace (voir texte 96) ? Notre supposition est peut-être confirmée par l'emploi du motif de l'amour de la fille de Hugon et d'Olivier (tous les deux appelés *curteis* dans la chanson).

Dans le *Roman de Renart*, l'allusion à l'amour courtois a dû être évidente pour un public familier des romans de Chrétien et de Thomas. L'épisode qui nous intéresse le plus à ce sujet, est basé sur le motif de la triade amant-épouse-mari, motif employé par Chrétien (*Cligès*, *Lancelot*) et par Thomas (Tristan-Iseut-Marc). L'auteur appelle cet épisode *aventure* ; c'est une aventure érotique : Renart déclare son amour à Hersent (*dame* [...] *je vous ains par amors*) ; Hersent l'accepte *pour ami*, et l'invite tout de suite à l'accouplement. Devant Ysengrin qui s'est rendu compte de l'adultère, elle veut se justifier (*escondire*, tout comme Iseut). L'époux porte plainte contre l'amant (nous sautons la scène du viol), mais Noble, le juge, acquitte l'accusé parce que celui-ci aurait agi *par amors*. Nul doute qu'il s'agit d'une parodie de l'amour courtois : certains termes caractéristiques sont là, le motif de base est là, certaines attitudes également. Peut-on parler d'une critique implicite ? Le vocabulaire que l'auteur utilise en plusieurs endroits, et nombreux détails de l'action sont tellement grossiers qu'il semble difficile d'admettre que le public aurait pu comprendre le roman comme critique sérieuse (implicite) du concept de l'amour courtois. Ou est-ce que l'auteur propose tout en s'en moquant une solution du problème de Tristan et Iseut, solution qui consisterait à juger leur amour coupable avec indulgence ?

À l'opposé du *Pèlerinage*, le *Roman de Renart* possède un prologue (voir texte 84), bel exemple d'un emploi du « topos de la surenchère ». Parmi les ouvrages que l'auteur prétend surpasser, figurent un *roman d'Yvain* qui peut être celui de Chrétien, et un *Tristan* qui, cependant, n'est pas celui de Thomas.

DEUX DISPUTES LITTÉRAIRES

Nous ne quittons pas Tristan et Iseut, car ce sont eux l'objet de la première dispute littéraire, des années 1170-1177 environ, à laquelle ont participé poètes lyriques et romanciers. Commençons par la « correspondance lyrique » entre Raimbaut, comte d'Orange, Bernart de Ventadour et Chrétien de Troyes (signalons en passant que les poètes du Midi et leurs confrères du Nord n'étaient pas sans contact personnel les uns avec les autres)[1]. Le comte avait comparé, dans une chanson composée probablement en 1171, l'amour irrationnel et fataliste pour sa dame avec celui qui lie Tristan à Iseut. La célèbre chanson de l'alouette de Bernart de Ventadour est la réponse de celui-ci à Raimbaut appelé Tristan par l'expéditeur. Bernart se plaint d'une situation analogue qui, cependant, le force à se séparer de sa dame. La chanson *D'Amors qui m'a tolu a moi* (« Amour qui m'a ravi à moi-même ») de Chrétien de Troyes se réfère aux deux troubadours du Midi ; il attaque Bernart, parce qu'il n'est pas permis à un amant courtois d'abandonner sa dame, Raimbaut, parce que l'amour vrai n'est pas l'amour fataliste mais l'amour né du libre arbitre (*bone volentez*) : « Je ne suis pas un nouveau Tristan », dit il, car « onques du buvrage ne bui / dont Tristan fu enpoisonnez ». Comme nous allons le voir, non seulement le poète lyrique mais aussi le romancier est convaincu que le *fol amor* de Tristan s'écarte de la norme de l'amour courtois. En tant que romancier, il fallait réagir contre le *Tristan* de Thomas d'Angleterre. Au fond, celui-ci avait déjà critiqué implicitement la conception de Chrétien (*Erec*). Chrétien répond, de façon explicite, par son roman *Cligès*, sorte d'anti-Tristan, comme on a dit. L'objet de la polémique de Chrétien (parlant par la bouche de son personnage féminin principal qui réprimande vivement Iseut) est, évidemment, la thèse de Thomas selon laquelle le bonheur d'amour serait réalisable loin de la société et contrairement à ses lois. C'était là un défi inouï lancé contre l'idéal de la détermination réciproque d'*amor* et de *cortoisie*, préconisé par Chrétien dans *Erec*, précisément. Le roman d'*Ivain* confirme cet idéal, et même Lancelot, malgré tous les risques qu'il court, reste rattaché à la société courtoise.

Le point de départ de notre deuxième dispute, de quelques années postérieure à la première et où n'ont pris part que des poètes lyriques français, est une chanson de Gilles de Vieux-Maisons[2]. Dans cette chanson qui est pleine d'attaques contre l'amour, l'auteur avoue chanter *sanz amors par usage* ; il n'aime donc pas ou plus et ne compose des chansons que parce que les autres poètes font la même chose et que la composition lui fait plaisir. Quel sacrilège ! Une réaction de la part des poètes « orthodoxes »était inévitable. En effet, plusieurs confrères

1 Voir ~ Roncaglia, « Carestia », *Cultura Neolatina*, 18 (1958) p. 121-137.

2 Cette dispute a été révélée par H. Petersen Dyggve, *Gace Brulé, Trouvère champenois, Edition des chansons et étude historique*, Helsinki, Société de Littérature Finnoise, 1951, p. 55-62.

(parmi eux Gace Brulé) blâment le faux amant dans leurs chansons, auxquelles Gilles n'hésite pas à répondre. La controverse littéraire se clôt, cependant, paisiblement, car l'« apostat » accepte la réprimande ; il le fait explicitement, mais aussi, ce qui est tout à fait remarquable, par un moyen assez subtil, à peine compréhensible même pour un public d'élite : dans une nouvelle chanson, il cite quatre vers de ceux précisément qui s'étaient opposés à la conduite irrévérencieuse de leur confrère.

DEUX ÉPILOGUES

Le prologue de la première partie du *Roman de Renart*, laquelle est, au moins pour l'essentiel, une parodie de l'amour courtois, ne contient ni d'élément de critique implicite ni de parodie. Quant aux fabliaux, dont le style est très proche de celui de *Renart*, les auteurs jouent, cependant, assez souvent et dès leur prologue, avec des remarques ou allusions parodiques (voir par exemple les textes 78, 79 et 81). Y a-t-il, dans notre recueil, des épilogues de romans qui pourraient être regardés comme des parodies ou qui contiendraient une critique littéraire implicite ? Voici deux cas que nous proposons à nos lecteurs d'examiner, l'épilogue d'*Ipomedon* de Hue de Rotelande (de 1180 ; voir texte 55), et celui du *Bel Inconnu* de Renaut de Beaujeu (fin du XIIe siècle ; voir texte 45).

Hue de Rotelande qui, d'après le prologue, veut raconter une histoire vraie, utile et ornée de beaux mots, mais qui, au cours du récit, surprend le public par des réflexions franchement obscènes et des expressions très grossières, déclare, dans l'épilogue, posséder une maison ouverte à toutes les femmes. L'éditeur d'*Ipomedon* qui a bien reconnu le caractère scabreux de cette offre, n'a tout de même pas su déchiffrer le sens du jeu métaphorique sexuel sous lequel elle est présentée. D'un autre côté, il a tout à fait raison en attribuant à l'épilogue la fonction d'une parodie de l'épilogue du *Tristan* de Thomas (voir texte 41). L'épilogue de Hue, dont la stylisation comique est apparente (il suffit de considérer le détail « autobiographique »), est adressé, tout comme celui de Thomas, *a tuz amanz*. Ne s'agit-il là que d'une réplique ou parodie amusante ? Ou se cache-t-il, au dessous de la plaisanterie, une critique littéraire ? Nous pensons que cette dernière hypothèse n'est pas exclue du tout : la « correction » à l'égard de Thomas consisterait dans la thèse audacieuse que ce que désire un couple amoureux, ne serait rien d'autre que de *s'entrefoutre tute jur* (v. 10516). Vu sous cet angle, Hue se révélerait un critique de l'amour courtois encore plus violent que l'auteur de *Renart.*

Renaut, dans le prologue du *Bel Inconnu*, annonce un roman fait en l'honneur de sa dame qu'il aime *outre mesure* (v. 6). Mais quelle surprise pour les auditeurs d'entendre, après le récit de 6000 vers environ, que l'auteur le laisse intentionnellement sans dénouement ! Il ne poursuivrait son récit, dit-il dans l'épilogue, que sous la condition que sa dame lui *montre un biau sanblant* (v. 6255), sans quoi il se vengerait sur le protagoniste qui ne retrouverait plus jamais la fée, sa véritable amie. Le « refus » de l'auteur mérite notre attention particulière. D'une part, il marque une infraction impardonnable au code de l'amour courtois qui prescrit la constance de l'amour, infraction commise dans un roman qui, dans le prologue et ailleurs, contient des allusions évidentes au roman courtois-modèle, l'*Erec* de Chrétien. D'autre part, il s'agit d'une vengeance non seulement de l'amant mais aussi de l'auteur, qui se déclare conscient de sa fiction qu'il est libre de réaliser comme il le veut. C'est là la première fois dans la littérature romanesque médiévale que l'auteur dit posséder l'entière disposition de son sujet, ce qui signifie aussi que, pour lui, l'opposition histoire vraie – histoire fictive (Chrétien de Troyes et tous les autres assurent ne conter que des histoires vraies !) n'existe plus. Il nous semble inévitable de considérer cette protestation tout à fait extraordinaire de la liberté artistique comme critique implicite de l'usage littéraire du passé.

TROIS PROLOGUES RÉEXAMINÉS

LE PROLOGUE DU POÈME D'ALBERIC

La discussion du prologue d'Alberic de Besançon, malgré ou peut-être à cause de la nouvelle édition commentée (de 1999, voir texte 35), n'a pas pris fin. Trois ans plus tard, Robert Lafont publia son article « Nouveau regard sur le fragment d'*Alexandre*[1] », que nous ne mentionnons que pour des raisons bibliographiques car, plein d'inexactitudes et de constatations

1 *Revue de linguistique romane*, 66 (2002), p. 159-207.

superflues, il ne fait guère avancer la recherche. Le contraire est vrai pour l'excellente contribution « Perspectives nouvelles sur l'*Alexandre* d'Auberi de Besançon » de François Zufferey[1], qui ne soutient pas seulement, à l'aide d'une ample documentation et d'observations très perspicaces, notre attribution du poème à Alberic (ou Auberi) de Besançon, mais qui réussit à démontrer que la langue de l'auteur est celle de son pays natal (nous avions plaidé pour le Lyonnais). Reste le point délicat du mot *antiquitas* (v. 6) que Zufferey traduit, comme tous les critiques du passé, par « Antiquité ». Voici sa traduction de la première laisse (la nôtre se trouve au bas du texte 35) : « Salomon dit au tout début / quand il fait entendre la voix de son livre : "Vanité des vanités / et tout est vanité." / Puisque ma maladie me donne du loisir, / que l'oisiveté s'en éloigne. / Que l'Antiquité nous apporte du réconfort, / pour que tout ne soit pas vanité[2] ». Avant que les critiques n'aient sérieusement réfuté notre argumentation, il ne vaut pas la peine d'y revenir ; ici, il suffit de souligner que, dans les langues latine et française des XIe et XIIe siècles, le mot peut fort bien signifier « vieillesse, âge avancé » (comme complément aux attestations de notre commentaire, voir par exemple Arnolphe d'Orléans, *Glosule super Lucanum*, 1, 189, ainsi que *Chanson de Roland*, v. 2615, et *Eneas*, v. 3123), et de faire remarquer que l'auteur, dans la première laisse, ne justifie pas le choix de son sujet mais plutôt, tout comme son adaptateur allemand, l'activité intellectuelle de la composition d'un ouvrage. Il nous paraît d'ailleurs extrêmement douteux qu'on puisse trouver un texte (latin) du XIe siècle dont l'auteur, malade ou non, déclare se réconforter par un ouvrage de l'Antiquité !

Quoi qu'il en soit, le vrai motif de réexaminer ici le prologue d'Alberic n'est pas le problème de *antiquitas* mais le problème de la date de l'écriture. Dans notre édition, nous avions proposé pour l'écriture le début du XIIe siècle et pour le poème, la fin du siècle précédent ; pour Zufferey, le texte est de 1100, approximativement[3]. Il est important de savoir qu'après la publication du jugement de Bernhard Bischoff, la situation a complètement changé. Ce jugement – pas très flatteur pour la critique récente (y compris la nôtre) – est resté inaperçu, avec, heureusement, une exception. Maria Careri (Rome), qui, pour la collection *Scritture e*

1 *Zeitschrift für romanische Philologie*, 123 (2007), p. 385-418.
2 *op. cit.*, p. 411.
3 *op. cit.*, p. 408, n. 62.

libri del Medioevo (Viella, Rome), prépare avec Christine Ruby et Ian Short un catalogue des manuscrits français et occitans du XIIe siècle, a récemment eu l'amabilité de nous signaler l'ouvrage de Bischoff, qui, lui, date l'écriture du texte d'Alberic de la première moitié du XIe siècle[1] ! Ce jugement venant d'un excellent spécialiste de la paléographie carolingienne et post-carolingienne a un poids décisif et qui portera la critique romaniste à réviser son argumentation. Dans le cas où Bischoff aurait raison (et qui le contredira ?), le poème franco-provençal d'Alberic, le *Boeci* provençal et la *Chanson de sainte Foy*, elle aussi provençale, auraient à peu près le même âge.

LE PROLOGUE DU *ROMAN DE THÈBES*

Quant à ce prologue célèbre et qui a été assez souvent commenté, nous pouvons être plus bref puisque Aimé Petit en a publié une interprétation excellente (voir texte 37)[2]. L'avantage de son interprétation réside essentiellement dans le fait qu'il a pris en considération l'entière *varia lectio* du prologue. Aussi peut-il confirmer, par exemple, que *de tot mestier* (v. 13) est le complément du verbe (*taisent* ou bien *voisent*) et que, si on adopte la variante *s'en taisent de cest mestier*, on devrait la traduire par « ne prétendent nullement à cette occupation », c'est-à-dire, à composer un ouvrage savant. Pour le topos de « l'âne devant la lyre », Petit rappelle utilement que Philippe de Thaon l'a déjà utilisé dans son *Comput* (peu avant 1120) ; il traduit les vers 15-16 ainsi : « ils sont tout aussi capables de m'écouter que l'âne d'apprécier le son de la harpe[3] ». Il n'y a que deux observations qu'il nous semble opportun d'ajouter à l'interprétation de Petit, et toutes les deux se réfèrent au motif de la sélection du public. D'une part, il est peut-être intéressant de savoir qu'il s'agit là d'un motif qui ne sera repris ni par Alexandre de Paris ni par aucun autre poète médiéval postérieur, et – non moins intéressant – que

1 B. Bischoff, *Katalog der festländischen Handschriften des neunten Jahrhunderts (mit Ausnahme der wisigotischen)*, Teil 1 : Aachen – Lambach, Wiesbaden, Harrassowitz, 1998, p. 261 (Bayerische Akademie der Wissenschaften, Veröffentlichungen der Kommission für die Herausgabe der mittelalterlichen Bibliothekskataloge Deutschlands und der Schweiz).

2 *Prologues et épilogues dans la littérature du Moyen Âge.* Actes du colloque du Centre d'Études médiévales et dialectales de Lille 3, Textes réunis par ~ Petit, Lille, Université Charles-de-Gaulle, 2002 (*Bien dire et Bien Aprandre* 19, p. 201-211).

3 *Op. cit.*, p. 207.

le motif est, à notre connaissance, sans analogie précise par rapport à la tradition latine. D'autre part, l'emploi du motif implique, de la part de l'auteur, une sélection ultérieure : l'auteur ne veut pas seulement ne pas parler *devant* des « vilains » mais pas non plus *de* « vilains » (v. 17-20), ce qui signifie que, pour lui, il y a deux genres narratifs différenciés d'après la classe sociale des personnages. Cette idée d'une différenciation des genres narratifs, que nous avons pu constater *in nuce* chez Gaimar, sera reprise, avec des arguments différents, par plusieurs auteurs, dont Jehan Bodel est peut-être le plus spirituel (voir textes 4, 7, 15, 17).

LE PROLOGUE DU *ROMAN DE CLIGÈS* DE CHRÉTIEN DE TROYES

Ce prologue, lui aussi assez souvent discuté, présente une conception très originale de la succession, à travers les siècles, de deux classes sociales, avec les valeurs qui leur sont propres (voir texte 42). Chez Chrétien, *chevalerie* désigne aussi la classe, et *clergie*, ici, n'est pas sans référence à la classe qui possède et transmet les sciences. Mais comment faut-il interpréter les vers 27-44 ? Naturellement, c'est Dieu qui est responsable de la constitution et de la transmission de la *chevalerie* et de la *clergie*. Mais comment Chrétien voit-il la transmission de la *chevalerie* ? Celle-ci était d'abord en Grèce, ensuite à Rome, mais a-t-elle accompagné la marche de la *clergie* jusqu'en France ? Faut-il comprendre *qui ore est* (v. 35) *apò koinoû*, c'est-à-dire, avec référence à *chevalerie* (v. 33) également ? La construction des vers suivants paraît s'y opposer mais, d'autre part, à en juger par ce qui est dit plus loin ainsi que dans les autres romans bretons de Chrétien, le royaume d'Arthur possédait indubitablement la *some de la chevalerie*. Cela vaut-il aussi pour la France de Chrétien ? À cette question, Erich Köhler[1] et, encore récemment, Dominique Boutet[2] ont répondu affirmativement. Quant à nous, nous la laissons ouverte, préférant aborder en quelques mots le problème de la source à laquelle Chrétien a puisé ou aurait pu puiser. Wendelin Foerster, l'éditeur de l'œuvre de Chrétien, indique comme source probable le prologue du roman *Athis et*

1 E. Köhler, *L'aventure chevaleresque, Idéal et réalité dans le roman courtois, Études sur la forme des plus anciens poèmes d'Arthur et du Graal*, traduit de l'allemand par E. Kaufholz, préface de J. Le Goff, Paris, Gallimard, 1974, p. 48-52.

2 D. Boutet, « De la translatio imperii à la [*sic* !] finis saeculi. Progrès et décadence dans la pensée de l'histoie du Moyen Âge », *Progrès, Réaction, Décadence dans l'Occident médiéval*, édit. E. Baumgartner et L. Harf-Lancner, Genève, Droz, 2003, p. 37-48.

Prophilias (voir texte 60)[1], ce qui, cependant, est inadmissible puisque ce roman-là est, comme on le sait aujourd'hui, postérieur à *Cligès*. Chrétien a donc utilisé une source différente. En ce qui concerne la théorie de la *translatio studii*, qui paraît être issue de celle de la *translatio imperii* et dont la prolongation jusqu'à l'ère carolingienne est attestée, accouplée à celle-là, à partir du IXe siècle, l'originalité de Chrétien consisterait à la prolonger encore jusqu'à sa propre génération et à la centrer sur son propre pays. D'autre part, Chrétien remplace – et ici, il est sans précurseur – la notion de *imperium* par celle d'une classe sociale possédant, elle seule, toute la capacité militaire et toutes les valeurs chevaleresques ; est-ce à dire que l'auteur voulait suggérer par là que la *chevalerie* aurait repris le flambeau à *imperium* pour le porter jusqu'en France ? Quant à *clergie* « or en France venue » (v. 35), précisons avec Ernst Robert Curtius que cet éloge de *clergie* n'est aucunement, quoi qu'on ait dit, une « profession de foi humaniste[2] », car, comme dit Chrétien, « aujourd'hui » on ne parle plus ni des Grecs ni des Romains (v. 41-44).

ÉTAT DE LA RECHERCHE ET SUGGESTIONS

Dès les premières études sérieuses sur des ouvrages narratifs français du Moyen Âge, les prologues avaient attiré l'attention des chercheurs, ceci, en particulier, pour trouver des informations sur les auteurs, les dédicataires et la date de la composition des ouvrages. Le premier qui les a utilisés dans une très large mesure, paraît être Léon Gautier qui s'était spécialement consacré aux prologues des chansons de geste[3]. Il en est de même du livre important d'Edmond Faral sur les jongleurs[4] (1910). En 1911 fut publiée la thèse de Rubin Halpersohn qui, le premier, a examiné l'ensemble des prologues non des chansons de geste mais des romans (du XIIe au XIVe siècle) avec le but assez original d'en

1 *Zeitschrift für romanische Philologie*, 36 (1912), p. 727-736.
2 *Op. cit.*, p. 476.
3 *Les Épopées françaises, étude sur les origines et l'histoire de la littérature nationale*, 2e éd., Paris, Palmé, 1878.
4 *Les Jongleurs en France au Moyen Âge*, Paris, Champion, 1910 (*BEHE* 187).

tirer des éléments permettant de caractériser la « personnalité » de leurs auteurs[1] ; Halpersohn regroupe et commente ses matériaux dans quatre chapitres (rapport poète – public ; opinion du poète de sa propre activité ; rapport poète – autres poètes ; conception religieuse du poète). Vingt ans plus tard, Paul John Jones a suivi la méthode de Halpersohn pour un autre genre narratif, les vies de saints[2]. Comme on le voit, on était encore assez loin de l'idée d'étudier les prologues d'une période historique particulière, de les comparer, dans l'épisode choisi, les uns avec les autres et, surtout, de les regarder comme témoignages d'une critique ou d'une théorie littéraire lesquelles auraient leur propre histoire. « Jusqu'à ce jour », disait Curtius en 1948, « nos connaissances sont encore insuffisantes pour faire un exposé historique complet de la théorie poétique. C'est à peine si l'on a vu le problème[3] ». Erich Köhler, comme nous l'avons vu, avait fait un commencement en 1955, Manfred Gsteiger s'est de nouveau occupé de plusieurs prologues de chansons de geste[4], et nous même, dans notre recueil de 1969 où les témoignages ont été disposés d'après les différents genres littéraires, avions donné quelques suggestions dans notre « Sachindex » (« index analytique »). C'est presque tout[5].

Vingt années plus tard, cependant, plusieurs critiques médiévistes et groupes de médiévistes ont, indépendamment les uns des autres, semble-t-il, repris la discussion des prologues. Kim Gertz a présenté, sous le titre *Conversations avec le passé littéraire*, un bref résumé de la problématique des prologues médiévaux[6], et étendu en même temps son champ d'observation à des textes latins, italiens et anglais. Isabel de Riquer, qui, elle aussi, esquisse un très utile état de recherche[7], discute

1 *Über die Einleitungen im altfranzösischen Kunstepos*, Berlin, Meyer & Müller, 1911.

2 *Prologue and epilogue in Old French lives of saints before 1400*, Philadelphia, University Diss., 1933.

3 *Op. cit.*, p. 573.

4 *Cahiers de civilisation médiévale*, 2 (1959), p. 213-220.

5 Pour la littérature latine de l'Antiquité au Moyen Âge, T. Janson a publié une étude excellente sur les prologues ou préfaces en prose qu'il interprète à l'aide de très utiles catégories analytiques, *Latin Prose Prefaces, Studies in Literary Conventions*, Stockholm, Almquist & Wiksell, 1964 (Acta Universitatis Stockholmiensis, Studia Latina Stockholmiensia 13).

6 S. Kim Gertz, *Poetic prologues. Medieval Conversations with the Literary Past*, Frankfurt am Main, Klostermann, 1996, p. 16-24.

7 I. de Riquer / J. Montoya Martínez, *El prólogo literario en la Edad Media*, Madrid, Universidad Nacional de Educación a Distancia, 1998, p. 17-24.

avec perspicacité plusieurs prologues français des XIIe et XIIIe siècles alors que son co-auteur, Jesus Montoya Martínez, s'occupe surtout de textes espagnols et italiens du Moyen Âge. Le volume édité par Aimé Petit contient des contributions sur des prologues français et allemands dont plusieurs quittent les sentiers battus (examen des illuminations accompagnant, dans les manuscrits, les prologues ; établissement d'une typologie de fins du récit ; interprétation d'un prologue particulier à l'aide de prologues « voisins»)[1]. Et on a même étendu l'étude des prologues à des textes médiévaux latins[2] et des ouvrages français d'époques plus récentes[3]. Aujourd'hui, Curtius aurait pu dire qu'on voit enfin le problème.

En guise de conclusion, nous voudrions proposer, afin de susciter des recherches supplémentaires, quelques idées, entamées aux pages précédentes, et quelques sujets de travail qui serviront peut-être à poser de nouvelles questions aux textes ou, pour choisir le langage herméneutique, à trouver les questions auxquelles répondent les textes. Nos suggestions, qui ne sont pas disposées systématiquement, ne concernent que la littérature française du XIe au XIIIe siècle.

1. Histoire de la critique littéraire
   Il faudrait étudier non seulement les textes contenant une critique explicite (prologues, épilogues, digressions critiques au sein de l'ouvrage ainsi que certaines parodies et disputes) mais aussi différents cas de critique implicite (surtout les parodies ou, pour donner un exemple d'ordre différent, le *parc du champ joli* de Jehan de Meun par rapport au *jardin de Deduit* de Guillaume de Lorris).

2. Histoire de la théorie littéraire
   On tentera de la baser uniquement sur les témoignages explicites (prologues etc.). Comme complément, on examinera la fonction du prologue ou bien des autres témoignages explicites au sein de l'ouvrage par rapport à la structure et à la signification de l'ouvrage.

1 *Op. cit.*

2 *Les Prologues médiévaux.* Actes du colloque international organisé par l'Academia Belgica et l'École française de Rome, éd. J. Hamesse, Turnhout, Brepols, 2000.

3 *Préfaces romanesques.* Actes du XVIIe colloque international de la SATOR, études réunies et présentées par M. Kozul *et alii*, Louvain, Peeters, 2005.

3. Pour l'interprétation ou le réexamen d'un prologue particulier, on consultera la totalité des manuscrits qui l'ont transmis (comme l'ont fait, par exemple, Jean Frappier pour le texte 1, et Aimé Petit pour le texte 37), et on choisira d'autres prologues, si possible, contemporains, avec qui on le comparera stylistiquement et sémantiquement.

4. Rapport prologue – œuvre
Il serait intéressant d'étudier, pour un grand nombre de textes, peut-être différenciés d'après périodes et genres littéraires (si non, le résultat ne serait pas significatif), le rapport, si rapport il y a, entre prologue et corps de l'œuvre.

5. Périodes-seuil
Il est probablement préférable, au lieu de procéder de façon strictement diachronique, de choisir plusieurs périodes-seuil particulièrement aptes à l'étude de la critique littéraire et de la théorie littéraire, par exemple, les années 1150-1165 ou bien 1165-1180 ou bien 1200-1220.

6. On devrait tenter d'examiner s'il est possible de définir une théorie littéraire implicite ou un ensemble d'éléments d'une théorie littéraire implicite pour reconnaître dans quelle mesure elle aurait guidé la critique littéraire explicite (par exemple, les notions de l'unité, de la beauté, de l'originalité de l'œuvre ou bien les devoirs de l'auteur envers son public etc.).

7. Théorie littéraire *versus* poétique immanente
Il faut séparer méthodiquement théorie littéraire (soit explicite soit implicite) et poétique immanente (dans le sens de Jauss).

8. Dénominations des genres littéraires
Les prologues (etc.) proposent un grand nombre de dénominations de genres littéraires ; il faudrait les classer d'après les deux axes synchronique et diachronique, et examiner dans quelle mesure les dénominations témoignent une conscience de la diversité fonctionnelle des genres littéraires.

9. Influence littérature latine – littérature française
Un seul regard sur les dénominations des genres littéraires ainsi que sur les genres littéraires respectifs montre l'indépendance

essentielle de la littérature française à l'égard de la littérature latine, ce qui n'empêche naturellement pas que certains ouvrages latins aient exercé une influence très nette sur la poésie en langue vulgaire (par exemple : *Ysengrimus* > *Roman de Renart*) ; il nous paraîtrait d'ailleurs utile de comparer plus minutieusement qu'on ne l'a fait jusqu'ici, les préceptes latins avec les règles qui se dégagent des textes français, ne fût-ce que pour mieux se rendre compte de leur non-conformité.

10. Littérature en prose
À notre avis, il faudrait reprendre, aussi à l'aide des prologues, le problème de la genèse de la littérature en prose, en particulier, pour mieux juger le rôle que, autour de 1200, les auteurs des premiers romans bretons en prose ou bien Pierre de Beauvais ont joué à ce sujet.

11. Études thématiques
Notre *Index thématique* propose une série de motifs littéraires qu'il serait particulièrement intéressant d'étudier dans l'axe diachronique : par exemple, la notion d'originalité, l'attitude réflexive vis-à-vis du langage, la notion de beauté (et synonymes) ; quant à une étude diachronique sur la notion de « volonté de vérité » (qui à notre avis promettrait des résultats assez importants pour la conception littéraire de l'époque), on pourrait s'inspirer des réflexions de Michel Foucault, *L'ordre du discours*, Paris, Gallimard, 1972, p. 15-21.

NOTE

La présente anthologie propose un choix d'extraits d'intérêt poétologique tirés d'ouvrages narratifs et didactiques des XIIe et XIIIe siècles. Les textes numérotés 1-105, pour la plus grande partie des prologues et des épilogues, mais aussi, quoique d'un nombre plus réduit, des digressions se touvant au sein d'une œuvre, sont classés d'après les différents genres littéraires. Autant que c'était possible, l'ordre chronologique a été suivi dans chaque groupe. Chaque texte est précédé d'une notice bibliographique indiquant l'édition de base et, en l'occurrence, d'autres éditions utiles, ainsi que, introduits par un tiret, des travaux critiques. Dans le cas où ceux-ci concernent plusieurs textes, on ne répète pas la référence complète mais on renvoie au texte où elle apparaît pour la première fois (p. ex. : Lucien Foulet, *op. cit.*, voir texte 2).

Pour toute information bibliographique complémentaire, on consultera le *Manuel bibliographique de la littérature française du Moyen Âge* de Robert Bossuat avec les suppléments de Jacques Monfrin et Françoise Vielliard (répertoriant les travaux de recherche parus avant 1981), le *Dictionnaire des lettres françaises* (*Moyen Âge*) mis à jour sous la direction de Geneviève Hasenohr et Michel Zink (1992) ainsi que les volumes annuels de la *Bibliographie d'histoire littéraire française* (*Bibliographie der französischen Literaturwissenschaft*) (section Moyen Âge) de Otto Klapp et Astrid Klapp-Lehrmann (dernier volume paru en 2010). Pour notre bibliographie et les troix index, le lecteur est prié de prendre en considération les remarques liminaires respectives.

LES TEXTES

CHANSONS DE GESTE

1. *COURONNEMENT DE LOUIS*

Édition : Yvan G. Lepage, *Les rédactions en vers du Couronnement de Louis. Édition avec une introduction et des notes*, Genève, Droz, 1978 (*TLF*), p. 3 et 5 (Rédaction AB) ; *cf.* Ernest Langlois, Paris, Champion, 1961, 2e éd. revue (*CFMA* 22), p. 1 ; *Le cycle de Guillaume d'Orange*, édit. Dominique Boutet *et alii*, Paris, Le Livre de Poche, 1996 (Lettres gothiques), p. 76. – Jean Frappier, « Remarques sur le prologue du Couronnement de Louis », *Studies in medieval literature in honor of Albert Croll Baugh*, Philadelphia, University of Pennsylvania Presse, 1961, p. 159-167.

Oez, seignor, que Dex vos soit aidant,
Le gloriëus, par son commandement !
Plest vos oïr d'une estoire vaillant,
Bone et cortoise, gentil et avenant ?
Vilains jugleres ne sai por quoi se vant
Nul mot a dire trusque l'en li comant.
De Looys ne lerai ne vos chant
Et de Guillelme au cort nes le vaillant,
Qui tant soffri sor sarrazine gent ;
De meillor home ne quit que nus vos chant.
Seignor baron, pleroit vos d'une exemple
D'une chançon bien fete et avenante ?

2. *AIOL*

Édition : Wendelin Foerster, Heilbronn, Henninger, 1876, p. 1 (retouches graphiques) ; *cf.* Jacques Normand / Gaston Raynaud, Paris, Didot, 1877 (*SATF*), p. 1. – Edmond Faral, *Les jongleurs en France au Moyen Âge*, Paris, Champion, 1910, p. 192 ; Sandra C. O. Malicote, « Cil novel jougleor. Parody, illumination and genre renewal », *Romania*, n° 120, 2002, p. 353-405.

Signor, or escoutés, que Dieus vous soit amis,
Li rois de sainte gloire, qui en la crois fu mis,
Qui le ciel et le tere et le mont establi
Et Adan et Evain forma et benei !
Canchon de fiere estoire plairoit vous a oïr ?
Laissiés le noise ester, si vos traiés vers mi.
Cil novel jougleor en sont mal escarni,
Por les fables qu'il dient ont tout mis en obli,
La plus veraie estoire ont laisiet et guerpi.
Je vos en dirai une qui bien fait a cesti,
A tesmoig en trairoie maint franc home gentil
Et maint duc et maint conte et maint riche marchis.
N'est pas a droit joglere qui ne set ices dis.
Ne doit devant haut home ne aler ne venir.
Teus en quide savoir, qui ne set mout petit,
Mais je vous en dirai, qui de lonc l'ai apris.

3. *GIRART DE ROUSSILLON*

Édition : W. Mary Hackett, Paris, Picard, 1953 (*SATF*), vol. 1, p. 9-10 (avec retouches aux vers 2, 5, 18, 19 et 22) ; *cf.* éd. Micheline de Combarieu du Grès et Gérard Gouiran, Paris, Le Livre de Poche, 1993 (Lettres gothiques), p. 43-44. – Max Pfister, *Lexikalische Untersuchungen zu Girart de Roussillon*, Tübingen, Niemeyer, 1970 (*BZRP* 122), *passim* ; Dorothea Kullmann, « Réécritures expérimentales ? Quelques réflexions sur le rôle de l'église dans la production épique du XIIe siècle », *The Church and Vernacular Literature in Medieval France*, édit. Dorothea Kullmann, Toronto, Pontifical Institute of Mediaeval Studies, 2009, p. 75-76.

Bone cancon e ville vos ai aduche,
E des moz acesmaz feite e estruche.
El n'ai les claus des canbres o lei conduche,
Per toz vilans juglars l'ame deduche.
Ja ne voil qu'en ait uns la cair'esuche
Car un cante treis vers, tote iert destruche.
Le premeran fu longe e est refuche ;
Per oc s'es lius e clare, plan e duche ;
Astre mon grat le cante qui la refuche.

La cancons est molt bone, e nos anui,
Si la vos enc a vaire non faudrei hui.
Ceste muet de Folcon e de Folchui,
E de Girart le conte la vos revui,
Quant prestrent guere a Charle el e li sui,
Per quant sunt espandut de sanc mil mui.
Cantent la a Pavie et a Mergui.
Non voil juglar vilans ja s'i apui,
Quar sis fes non s'aura lo prez d'un glui.
Tuit cantador en sunt bazann e lui.

Es vos passat iveir, marc et febrer,
Vient estuiz, que florissent cist verder,
A laudor de juglar e cevaler,
Tres er sunt remasut sen freite e ner.
Sestu, mongres corteiz, clerz de moster,
S'estaveit desos l'onbre d'un auliver,
E fermat en son cuer un cosier.
Auirez de cui movent cist ver premer :
De Girart aicel conte, cel bon guerrer,
E de Carlon Martel le felon fer.

[À cause de la difficulté de ces trois premières laisses, nous proposons ici une traduction qui profite de celle que Hackett donne au vol. 3, 1955, de son édition, p. 515-517, et de l'étude citée de Pfister ; la traduction de Combarieu du Grès et Gouiran est très libre.] « Je vous ai apporté une bonne vieille chanson, faite et composée de mots précieux. Elle n'a pas apporté avec elle les clefs des chambres (des dames), elle n'a pas réjoui l'âme à cause des jongleurs tout à fait vilains. Je ne veux pas qu'un seul de ceux-là en ait la mine accablée de fatigue (en chantant cette chanson) car l'un en chante trois vers et elle sera tout à fait détruite. La première (chanson) fut longue et a été repoussée ; cependant elle est facile et claire, sans défaut et érudite ; celui qui la dédaigne la chante contre mon gré. // La chanson est très bonne et, ne vous déplaise, si je la commence, en vérité, je ne vous manquerai point. Elle traite de F. et de F., et je vous la remémore au sujet du comte G. lorsque lui et les siens entrèrent en guerre contre Ch., par quoi furent répandus mille muids de sang. On la chante à Pavie et à Mauguio. Je ne veux pas qu'un jongleur vilain s'y applique, car s'il le faisait, il ne gagnerait pas le prix d'une botte de paille. Tous les chanteurs sont en cette matière stupides et louches. // Voilà passé l'hiver, mars et février, l'été arrive où ces vergers sont en fleurs loué par jongleurs et chevaliers. Maintenant le froid et le temps triste ont également pris fin. Sestu, moine courtois, clerc de couvent, se tenait à l'ombre d'un olivier et affermit dans son cœur une résolution. Vous allez entendre de qui traitent ces premiers vers, de G. le comte, ce bon guerrier, et de Ch., ce farouche félon. »

4. BERTRAN DE BAR-SUR-AUBE : *GIRART DE VIENNE*

Édition : Wolfgang van Emden, Paris, Picard, 1977 (*SATF*), p. 3-5.

Bone chançon plest vos que ge vos die,
De haute estoire et de grant baronie ?
Meilleur ne puet estre dite n'oïe.
Ceste n'est pas d'orgueil ne de folie,
De traïson ne de losengerie,

Mes d'un barnaje qui Jhesu beneïe,
Del plus tres fier qui onques fust en vie.
A Seint Denis, en la mestre abaïe,
Ttrovon escrit, de ce ne doute mie,
Dedanz un livre de grant encesorie,
N'ot que trois gestes en France la garnie;
Ne cuit que ja nus de ce me desdie.
Des rois de France est la plus seignorie,
Et l'autre aprés, bien est droiz que jeu die,
Fu de Doon a la barbe florie,
Cil de Maience qui molt ot baronnie.
El sien lingnaje ot gent fiere et hardie;
De tote France eüsent seignorie,
Et de richece et de chevalerie,
Se il ne fusent plain d'orgueil et d'envie.
De ce lingnaje, ou tant ot de boidie,
Fu Ganelon, qui, par sa tricherie,
En grant dolor mist France la garnie,
Quant en Espangne fist la grant felonnie
Dont furent mort entre gent paiennie
Li.XII. per de France.
Oï avez dire en meinte chançon
Que de la geste qui vint de Ganelon
Furent estret meint chevalier baron,
Fier et hardi et de molt grant renon.
Tuit seignor fusent de France le roion,
S'an eus n'eüst orgueil et traïson;
Mes par orgueil, por voir le vos dison,
Est trebuchiez en terre meinz hauz hom,
Ausin com furent, de verté le savon,
Deu ciel li engres, qui, par lor mesproison,
Trebuchié furent en l'infernal prison,
Ou il n'avront jamés se dolor non.
Del ciel perdirent la seinte mansion
Par lor orgueill et par lor foloison.
Et ausin furent li parant Ganelon,
Qui tant estoient riche et de grant renon,

Se il ne fussent si plain de traïson.
De ce lingnaje, qui ne fist se mal non,
Fu la seconde geste.
La tierce geste, qui molt fist a prisier,
Fu de Garin de Monglenne au vis fier.
De son lingnaje puis ge bien tesmongnier
Que il n'i ot un coart ne lannier,
Ne traïtor ne vilein losangier ;
Einz furent sage et hardi chevalier,
Et conbatant et nobile guerrier.
Einz roi de France ne voldrent jor boissier.

5. BERTRAN DE BAR-SUR-AUBE : *AYMERI DE NARBONNE*

Édition : Hélène Gallé, Paris, Champion, 2007 (*CFMA* 155), p. 234 (texte de B1) ; *cf.* édit. Louis Demaison, Paris, Didot, 1887, vol. 2 (*SATF*), p. 1-2.

A ceste estoire dire me plaist entendre,
Ou l'en puet mout sens et exemple aprendre ;
Si vueill un poi de m'escïence espandre,
Pour ce que cil fet forment a reprendre,
Qui set le sens, et ne le veult aprendre ;
Car senz repost, ce vous di sanz mesprendre,
Semble le feu que l'en cuevre de cendre,
Qui desouz art, et flanme ne puet rendre ;
Et por ice dirai sanz plus atendre
Del plus prodoume qui fust puis Alixandre :
Tres bien le sevent li plus grant et le mendre.
Por ce fet miex la chançon a entendre,
Qu'ele est de haute ystoire.

6. HERBERT LE DUC DE DANMARTIN : *FOLQUE DE CANDIE*

Édition : Oskar Schultz-Gora, Dresden, *GFRL*, 1909 (*GFRL* 21), vol. 1, p. 303. – *Folque de Candie von Herbert le Duc de Danmartin*, vol. 4 (Einleitung), édit. Ulrich Mölk, Tübingen, Niemeyer, 1966 (*BZRP* 111), p. 46-47 ; Paola Moreno, *La tradizione manoscritta del Foucon de Candie*, Napoli, Liguori, 1997 (Romanica Neapolitana 30), p. 311-314.

6762 Ceste chançons ne mut pas de mençonge ;
Ge ne di mïe que buens diz n'i aponge.
Herberz li dux, qui tint promesse a songe,
En fist cez vers, encor en tient la longe ;
N'est pas vilains quis entent ne desponge.

7. JEHAN BODEL : *SAISNES*

Édition : Annette Brasseur, Genève, Droz, 1989 (*TLF*), vol. 1, p. 2 et 4 (rédaction AR) ; *cf.* édit. Fritz Menzel / Edmund Stengel, Marburg, Elwert, 1906 (*AARP* 99), vol. 1, p. 29-30. – Robert Guiette, « Li conte de Bretaigne sont si vain et plaisant », *Romania*, n° 88, 1967, p. 1-12 ; Isabel de Riquer, « El prólogo de la *Chanson de Saisnes* de Jean Bodel », *El prólogo literario en la Edad Media*, Jesús Montoya / Isabel de Riquer, Madrid, Universidad nacional de educación a distancia, 1998, p. 82-86.

Qui d'oyr et d'entendre a loisir ne talant
Face pais, si escout bonne chançon vaillant
Dont li livre d'estoire sont tesmoing et garant !
Jamais vilains jougleres de cesti ne se vant,
Car il n'en saroit dire ne les vers ne le chant.
N'en sont que trois materes a nul home vivant :
De France et de Bretaigne et de Ronme la grant ;
Ne de ces trois materes n'i a nule samblant.

Li conte de Bretaigne si sont vain et plaisant,
Et cil de Ronme sage et de sens aprendant,
Cil de France sont voir chascun jour aparant.
Et de ces trois materes tieng la plus voir disant :
La coronne de France doit estre si avant
Que tout autre roi doivent estre a li apendant
De la loi crestïene, qui en Dieu sont creant.
[...]
Seignor, ceste chançons ne muet pas de flabiaus,
Mais de chevaleries, d'amours et de cembiaus.
Cil bastart jougleour, qui vont par ces viliaus,
A ces longues vïeles a depeciés forriaus,
Chantent de Guitechin si com par asseniaus ;
Mais cil qui plus en set, en est tous fins muiaus,
Car il ne sevent mie les riches vers nouviaus
Ne la chançon rimee que fist Jehans Bodiaus,
Tout si com li drois contes l'en fu dis et espiaus
Dont encor est l'estore a Saint Pharon a Miaus.
[...]
Ci naist de la chançon et racine et tuiaus
Dont li chans et li dis est raisnables et biaus.

Qui de l'estoire as Saisnes veut conter la raison,
Des anciiens d'arriere doit mouvoir sa chançon.
Veritez fu prouvee, sel truis en la leçon,
Qu'il ot un roi en France qui tint la regïon,
Cil ot non Cloëvis, que de fi le set on.

8. *PRISE D'ORANGE*

Édition : Claude Régnier, Paris, Klincksieck, 1967 (*BFR* 5), p. 43-44 ; *cf.* éd. *Le cycle de Guillaume d'Orange* (*op. cit.*, voir texte 1), p. 202 et 204.

Oëz, seignor, que Dex vos beneïe,
Li glorïeus, le filz sainte Marie,
Bone chançon que ge vos vorrai dire !
Ceste n'est mie d'orgueill ne de folie,
Ne de mençonge estrete ne emprise,
Mes de prodomes qui Espaigne conquistrent.
Icil le sevent qui en vont a Saint Gile,
Qui les ensaignes en ont veü a Bride :
L'escu Guillelme et la targe florie,
Et le Bertran, son neveu, le nobile.
Ge ne cuit mie que ja clers m'en desdie
Ne escripture qu'en ait trové en livre.
Tuit ont chanté de la cité de Nyme :
Guillelmes l'a en la seue baillie,
Les murs hautains et les sales perrines
Et le palés et les chasteleries ;
Et Dex ! Orenge nen ot encore mie.
Pou est des homes qui verité en die,
Mais g'en dirai, que de loing l'ai aprise,
Si com Orenge fu brisiee et malmise ;
Ce fist Guillelmes a la chiere hardie,
Qui en gita les paiens d'Aumarie
Et ceus d'Eüsce et celz de Pincernie,
Ceus de Baudas et ceus de Tabarie ;
Prist a moillier Orable la roïne ;
Cele fu nee de la gent paienie
Et si fu feme le roi Tiebaut d'Aufrique,
Puis crut en Deru, le filz sainte Marie,
Et estora moustiers et abaïes.
De ceus est poi qui ceste vos deïssent.

Oëz, seignor, franc chevalier honeste !
Plest vos oïr chançon de bone geste :
Si comme Orenge brisa li cuens Guillelmes ?

9. *SIÈGE DE BARBASTRE*

Édition : Emilia Muratori, Bologna, Pàtron, 1996, p. 97-99 ; *cf.* édit. Bernard Guidot, Paris, Champion, 2000 (*CFMA* 137), p. 87-88.

Plest vos oïr chançon bien fete et compassee ?
Toute est de vielle hystoire de lonc temps pourpensee ;
Moult fet bien a oïr, pieça ne fu contee,
Toute est de la lignie que Diex a tant amee,
De la geste Aymeri, cui proece a duree.
[...]
Ci commence chançon de bien enluminee :
D'amors et de batailles est molt bien aornee,
De grant chevalerie s'ele vous est contee :
Se il est qui la die et ele est escoutee
Ne cuit qu'ele vous faille de ci a l'avespree.
Estraite est du lignage.

10. *AMI ET AMILE*

Édition : Konrad Hofmann, Erlangen, Deichert, 1882, 2e éd. ; *cf.* édit. Peter F. Dembowski, Paris, Champion, 1969 (*CFMA* 97), p. 1.

Or entendez, seignor gentil baron,
Que Deus de gloire voz face vrai pardon.
De tel barnaige doit on dire chanson
Que ne soit mie de noient la raison.

Ce n'est pas fable que dire voz volons,
Ansoiz est voirs autressi com sermon ;
Car plusors gens a tesmoing en traionz,
Clers et prevoires, gens de religion.
Li pelerin qui a Saint Jaque vont
Le sevent bien, se ce est voirs ou non.

11. *DOON DE NANTEUIL*

Édition : Paul Meyer, « La chanson de Doon de Nanteuil. Fragments inédits », *Romania*, n° 13, 1884, p. 12-13 et p. 18-19 (les deux vers 95-96 « semblent hors de leur place »). – Edmond Faral, *op. cit.* (voir texte 2), p. 182-183 et 280.

Seignor, soiez en pés, tuit aiez [...]
Que la vertu del ciel soit en vos demoree !
Gardez qu'il n'i ait noise ne tabort ne criee.
Il est einsint coustume en la vostre contree,
Quant un chanterres vient entre gent henoree
Et il a endroit soi sa vielle atempree,
Ja tant n'avra mantel ne cote desramee
Que sa premiere laisse ne soit bien escoutee,
Puis font chanter avant, se de riens lor agree,
Ou tost, sans villenie, puet recoillir s'estree.
Je vous en dirai d'une qui molt est henoree :
El riaume de France n'a nule si loee.
Huon de Villenoeve l'a molt estroit gardee ;
N'en volt prendre cheval ne la mule afeltree,
Peliçon vair ne gris, mantel, chape forree,
Ne de buens paresis une grant henepee.
Or en ait il maus grez, qu'ele li est emblee !
Une mout riche piece vos en ai aportee.
[...]
Quant ung juglerres vient entre peuple henoré,

Ja tant nel verrois pauvre, de robe desramé,
Se il dit son prologue, ne soit bien escouté.
Par Deu ! ja fu tes jors nous estiens amé,
En meintes riches cors servi et henoré,
Que l'en donnoit mantiaux et meint bliaut forré ;
Or sunt nostre mestier mout forment decliné.
Et chantent d'Apoloine et del biel Tenebré,
Del viel Antiocus, de Poron et d'Otré,
Et del roi Alexandre et del preu Tholomé ;
Or n'i a mes garçon, s'il set ung vers rimé,
Quant a clerete voix et est bien desreé,
D'Audegier qui fu cuens ou de Minier l'ainsné,
Ou de Morgain la fee, d'Artur et de Forré :
« Ha Diex ! » ce dist chascuns, « com cist est escolé !
Certes, plus a apris en ung sol an passé
Qu'onques Bertran de Bar ne sceut en son aé,
Ne li vielz Maloisiaux et ses filz Reüsé,
Ne dans Hues del Teil qui des ars fu paré. »
Lors li coillent entre els buen argent monée.
Mes, par la foi que doi a la grant Trinité,
El reaume de France, si comme est grant et le,
N'a pas cinq jugleors, si com je l'ai cuidé,
Qui soient pas de sens si bien enluminé
Ou il n'ait qu'amender, par sainte charité !
Puisqu'Aubers d'Iveline fu en l'eve afondez
Del pont dont il chaï quant il fu enivrez,
Et Guarins de Chevreuse qui son tans a finé,
Guillaume Dent de Fer qui l'ueil avoit crevé,
Et Segars, cil de Troie, de Reinecort Mahé,
Remestrent li parfet moult tenvement planté,
Je n'en blasmerai nul : chacuns valt a planté
Quant il vit par ses armes tant qu'il est enoré.
Mais li uns est sor l'autre autresi emeré
Comme l'or sor l'argent quant on l'a bien pesé.
Or vos ai le prologue de moy bien distinté ;
Hui mais orrez chançon de grant nobilité.

12. *BUEVE DE HANTONE*

Édition : Albert Stimming, Dresden, *GFRL*, 1912 (*GFRL* 30), p. 1-3.

Plaist vos oïr, bonne gent houneree,
Bonne canchon de bien enluminée ?
Meillour de li ne puet estre chantee,
Par jougleour dite ne devisee
Conme ceste est qui ci vous est contee,
Si comme fu en un livre trouvee
D'une abeïe anciiene fondee.
Tels vous en cante, c'est verités prouvee,
Ki de l'estore ne set une denree,
Del mieus en ont grant partie oubliee,
La canchon ont corrompe et faussee ;
Mais j'en dirai, c'est verités prouvee,
La droite estore sans point de demouree,
Si comme fu en romans translatee
Et par un clerc nos fu renouvelee.
Moult doit bien estre oïe et escoutee
Et de preudommes conjoiie et loee.
Ains k'ele soit dite ne parfinee,
En orrés tant, ce croi en ma pensee,
Dont mainte larme est de pitié plouree.
Ceste canchons, seigneur, ce est la somme,
Doivent oïr bonne gent et preudome,
L'estoire en est et mervilleuse et boune.
[...]
Bonne canchon orrés et de valour
Et qui fu faite du tans ancïenour ;
Moult est plaisans, ainc n'oïstes meillour,
N'en sevent mie cist pluiseur jougleor,
En devinant en chantent cascun jor,
Car de l'estoire ont oublié la flour ;
Mais se je puis avoir tans ne laissour,

Dire vous cuit tel chose sans sejor
Dont vous arés grant pitié et tenrrour,
Ains que solaus repairece a son tour.

13. GUILLAUME DE BAPAUME : *CYCLE ÉPIQUE*

Édition : Madeleine Tyssens, *La Geste de Guillaume d'Orange dans les manuscrits cycliques*, Paris, Les Belles Lettres, 1967, p. 275-276, 290-291 (les deux extraits sont du ms. E ; commentaire p. 274-297).

Ceste cançons est faite grant pieça
Por voir vos di cent et cinquante ans ~
Grandors de Brie, qui les vers en trova,
Por sa bonté si tres bien le garda
C'ains a nul home ne l'eprist n'ensign~
Maint grant avoir en ot et conquesta
Entor Sesile u li bers conviers~
Quant il fu mors a son fil le doun~
Li rois Guillaumes tant celui losenga
Que la cançon de devers lui saça,
Ens en un livre le mist et saiel~
Quant cil le sot, grant dolor en mena,
Puis ne fu sains tant come il dura,
Si fierement ceste cançons ala,
Le merci Deu qui le mont estora,
S'ele a bien fait, encor nos en fer~

Qui d'Aliscans ot les viers controvés
Ot tous ces mos perdus et desvoiés.
Ore les ra Guillaumes restorés,
Cil de Bappaumes, qui tant par est senés
De cançon faire et de viers acemés :
Por çou l'escuellent li jougleor en hé
Qu'il les a tous de bien faire pasés.

De Rainouart plus avant n'en orés.
Dex en ait l'arme par la soie bonté
Et vous meïmes qui l'avés escouté.

14. GAUTIER DE DOUAI, LOUIS LE ROI : *DESTRUCTION DE ROME*

Édition : Gustav Gröber, *Romania*, n° 2, 1873, p. 6 ; *cf.* les corrections de Louis Brandin au texte de Gröber, *Romania*, n° 28, 1899, p. 503, et Louis Brandin, « La Destruction de Rome et Fierabras », *Romania*, n° 64, 1938, p. 29 ; *cf.* édit. Johann Heinrich Speich, Bern (Lang) 1988, p. 78. – Edmond Faral, *op. cit.* (voir texte 2), p. 178-179.

Seignours, or fetes pes, franke gent honoree,
Gardés k'il n'i ait noise ne corous ne mellee,
S'orrés bone chanchon de bien enluminee :
N'i sera fable dite ne mensonge provee.
Niuls des altres jouglours, k'els le vous ont contee,
Ne sevent de l'estoire vaillant une darree.
Le chanchon ert perdue et le rime fausee ;
Mais Gautier de Douay a la chiere membree
Et li rois Lawis dont l'alme est trespassee
– Ke le fache pardon la Virge honoree ! –
Par luy et par Gautier est l'estoire aünee
Et le chanchon drescie, esprise et alumee,
A Saint Dynis de France premerement trovee,
Del rolle de l'église escrite et translatee ;
Cent ans i a esté, ch'est verité provee.
Cil que la chanchon fist l'ad longement gardee,
Ains il n'en volut prendre avoir nule darree
Ne mul ne palefroi, mantel ne chair fourree ;
Ne onke en halte court ne fu par luy chantee.

15. *MORT AYMERI DE NARBONNE*

Édition : Joseph Couraye Du Parc, Paris, Didot, 1884 (*SATF*), p. 1 et p. 132-133 ; *cf.* édit. Paolo Rinoldi, Milano, Unicopli, 2000, p. 205-206 et p. 362-363.

Seignour, oez qui chançon demandez,
Soiez en pes et si m'oez conter
D'une aventure onques ne fu sa per,
Coment les jestes vindrent a decliner,
5 Les ancienes dont l'en soloit parler.
[...]
14 Cil troveor les ont lessiez ester.
Hui mes orrez du lignaje parler :
La gentil geste doit on renoveler.

3055 Nus hom ne puet chançon de jeste dire
Que il ne mente la ou li vers define,
As mos drecier et a tailler la rime.
Ce est bien voirs, gramaire le devise,
Uns hom la fist de l'anciene vie,
3060 Hues ot non, si la mist en un livre
Et seela el mostier Saint Denise
La ou les jestes de France sont escrites.
Or est bien droiz que verité vos die
Que eles furent et de que baronie :
3065 Charles li rois a la barbe florie
De Jerusalem aporta les reliques
De cel saint fust ou il sofri martire
[...]
3073 Ce fu une des jestes.
L'autre si fu du fort roi Charlemaine
[...]
3078 Oncle Rollant qui fu morz en Espaigne
En la bataille fiere.

La tierce fu dant Aymeri lo riche.
La soe jeste fu la plus seignorie
[. . .]

16. *ANSEÏS DE CARTHAGE*

Édition : Johann Alton, Stuttgart, Laupp, 1892 (*BLV* 194), p. 1 (retouches graphiques).

Seinor, oiés (ke diex vous beneïe,
Li glorieus, li fiex sainte Marie !)
Canchon mout bone et de grant seignorie !
Ele n'est pas faite de gaberie,
Ains est d'estoire de vielle anchiserie.
Li ver en sont rimé par grant maistrie
D'amors et d'armes et de cevalerie ;
Mout a lonc tans k'ele a esté perie,
Onques nen fu la droite rime oïe.
Chil jougleor vous en ont dit partie,
Mais il n'en sevent valissant une alie,
Ains le corumpent par la grant derverie ;
Car il entendent plus a lecerie,
Au fabloier et a la legerie
Ke as estoires ki ne vous mentent mie.
Par moi vous ert icheste radrechie,
Car il n'est hon ki de meillor vous die
Si come Karles a la barbe florie
Fu en Espaigne o sa grant baronie.

17. *DOON DE MAIENCE*

Édition : Alexandre Pey, Paris, Vieweg, 1859, p. 1 (ms. de Montpellier) et p. 348 (ms. de Paris).

Oés, segneurs, pour Dieu, qui sus tous a puissanche !
Que Damedieu vous doinst leeiche, vie, estanche !
Bien sceivent li plusor, n'en sui pas en doutanche,
Qu'il n'eut que tres gestes u reaume de Franche :
Si fu la premeraine de Pepin et de l'ange,
L'autre apres, de Garin de Monglane la franche
Et la tierche si fu de Doon de Maience,
Un chevalier vaillant et de grant sapience.
Chil nouvel jougleor, par leur outrecuidanche
Et pour leur nouviaus dis, l'ont mis en oublianche ;
Mes ja orrés comment cheste canchon commenche
Selonc la vreie ystoire, que trouvon a pleisanche.

Seigneurs, or faictes paix, franche gent d'honnourance,
Au nom de Dieu de gloire, qui sur tous a puissance,
Qui vous voeulle garder d'anoy et de grevance,
Et vous doint a la fin des sains cieulz la plaisance !
Car vous orrés hystoire ou moult a de vaillance ;
Oncquez homme n'ouy meilleur puis son enfance.
Bien le sevent pluisieurs, il n'y a point doubtance,
Que jadis ot trois gestes an royalme de France :
Charlemainne en fut l'unne, sans nule variance,
Et Garin de Montglenne fut l'aultre, sans doubtance,
Et la tierce dez gestes, dont no livre commence,
Fut le bon Doelin, dont issi mainte branche,
Qui moult firent paiens anoy, paine et grevance,
Decha mer et dela et en mainte tenance.
Seigneurs, cez gestes chi dont nous faisons oyance
A une hoeure nasquirent ; mais Dieu fit demonstrance,
Pour la grande valeur dont aroient puissance,

Et que d'eulz isteroit gens de haulte honnourance :
Toute terre en trembla et fut d'aultre samblance.
Lez saiges clers d'adont, par leur signiffiance,
En firent lez cronicques, qui sont de grant vaillance,
Et sont en l'abbaye de Saint Denis en France ;
Puis ont esté extraictes, par moult belle ordonnance,
De latin en rommant, pour donner congnissance
Des grans fais aprouvés et parfaicte creance,
Que tous bons a l'ouir doibvent avoir plaisance.

18. *ENFANCES GUILLAUME*

Édition : Patrice Henry, Paris, *SATF*, 1935, p. 3-4.

Chanson de geste plaroit vos a entandre ?
Teis ne fut faite de lo tans Alixandre ;
Fist lai un moines de Saint Denise an France,
Mist lai an livre per grant senefiance
D'un teil baron con ja poreiz antandre.
[...]
Per moi oreis con il conquist Oranges
Et con il prist lai dame Orable a fanme.
Cil autre chantent de Guillaume au cor neis,
Dou prout, dou saige, dou vasal adureis ;
Tos jors penait sor Sarasins Escleirs
Et essasait sainte cristianteis.
Uns gentis moines, ki a Saint Denise ier,
Quant il oït de Guillaume parleir,
Avis li fut k'i fut antroblieis,
Si nos an ait les vers renoveleis,
Qui ot el role plus des cent ans esteis.
Je li ai tant et promis et donnei
Qu'i m'ait les vers ansaigniés et moustreis.
Ki or les veut oïr et escouteir,

Vers moi se traie ci lait la noise esteir ;
Huimais oreis de Guillaume chanteir.

19. *OCTAVIAN*

Édition : Karl Vollmöller, Heilbronn, Henninger, 1883, p. 1 et 117 (retouches graphiques).

Seignor preudon, or escoutés,
Qui les bones chançons amés,
D'une tant bone oïr porrés,
Ja de meilleor dire n'orrés
Des grans merveilles que sont faites
Et de latin en romanz traites.

Se volés avant escouter
Sant noise faire et sant tençon,
S'orrés mervaileuse chançon,
Pieç'a n'oïstes sa pareille,
C'est grant miracle et grant merveille.

20. ADENET LE ROI : *BUEVES DE CONMARCHIS*

Édition : Albert Henry, *Les Œuvres d'Adenet le Roi*, vol. 2, Brugge, De Tempel, 1953, p. 41. – Silvère Menegaldo, « Adenet de Roi tel qu'en ses prologues », *Cahiers de recherches médiévales*, n° 18, 2009, p. 309-328.

Pour ce qu'est mal rimee, la rime amenderai
Si a droit que l'estoire de riens ne fausserai,
Mençonge ne oiseuse ja n'i ajousterai
Mais parmi la matere droite voie en irai.

Je ne vous dirai mie dou songe Erminolai
Ne conment Crucados ala au virelai
Quant il trouva les fees an la forest dou glai,
Ains dirai vraie estoire dont ja ne mentirai ;
D'entrer en ma matere plus ne me targerai.

21. ADENET LE ROI : *ENFANCES OGIER*

Édition : Albert Henry, *op. cit.*, vol. 3, Brugge, De Tempel, 1956, p. 59-61.

Bien doit chascuns son afaire arreer
A ce qu'il puist sa vie en bien user ;
Aumosnes est dou bien amonester
Et des preudoumes le bienfait recorder,
Car nus ne l'ot qui n'en doie amender ;
Pour ce me plaist estoire a deviser
Certaine et vraie, qui moult fait a amer :
Ce est d'Ogier qui tant fist a loer,
Qui pour l'amour de Dieu a conquester
Et pour sa foi essaucier et lever,
Fist maint paien l'ame dou cors sevrer ;
Par lui morurent maint Turc et maint Escler.
Cil jougleor qui ne sorent rimer,
Ne firent force fors que dou tans passer,
L'estoire firent en plusours lieus fausser,
D'amours et d'armes et d'onnour mesurer
Ne sorent pas les poins ne compasser,
Ne les paroles a leur droit enarmer
Qui apartienent a noblement diter ;
Car qui estoire veut par rime ordener,
Il doit son sens a mesure acorder
Et a raison, sans point de descorder,
Ou il ne puet ne ne doit assener.
Li Rois Adans ne veut plus endurer

Que li estoire d'Ogier le vassal ber
Soit corrompue ; pour ce i veut penser
Tant qu'il le puist a son droit ramener,
K'au Roi Adam le plaist a commander
Celui que il ne doit pas refuser
Que ses commans ne face sanz veer :
C'est li quens de Flandres seur mer.
[...]
Li jougleour deveront bien plourer
Quant il mourr~ [...]
Iceste estoire dont ci m'oez parler
Est gracïeuse a dire et a chanter.
En la matere vueill des or mais entrer.

22. ADENET LE ROI : *BERTE AUS GRANS PIÉS*

Édition : Albert Henry, *op. cit.*, vol. 4, Bruxelles, Presses universitaires de Bruxelles, 1963, p. 54.

A l'issue d'avrill, un tans douç et joli,
Que herbeletes pongnent et pre sont raverdi
Et arbrissel desirent qu'il fussent parflori,
Tout droit en cel termine que je ici vous di,
A Paris la cité estoie un venredi ;
Pour ce qu'il est devenres, en mon cuer m'assenti
K'a Saint Denis iroie por priier Dieu merci.
A un moine courtois, c'on nonmoit Savari,
M'acontai telement, Damedieu en graci,
Que le livre as estoires me moustra et g'i vi
L'estoire de Bertain et de Pepin aussi
Conment n'en quel maniere le lion assailli ;
Aprentiç jougleour et escrivain mari,
Qui l'ont de lieus en lieus ça et la conqueilli,
Ont l'estoire faussee, onques mais ne vi si.

Ilueques demorai de lors jusqu'au mardi
Tant que la vraie estoire enportai avoec mi,
Si conme Berte fu en la forest par li,
Ou mainte grosse paine endura et soufri.
L'estoire iert si rimee, par foi le vous plevi,
Que li mesentendant en seront abaubi
Et li bien entendant en seront esjoy.

CHANSON DE CROISADE

23. GRAINDOR DE DOUAI : *ANTIOCHE*

Édition : Suzanne Duparc-Quioc, Paris, Geuthner, 1976 (Documents relatifs à l'histoire des croisades 11), p. 19-24 (retouche au v. 121 : un/ *uns* ; *uns*, grammaticalement inacceptable, sans commentaire de la part de l'édit. ; l'ancienne éd. de Paulin Paris, 1832, p. 8, porte *un*). – Dorothea Kullmann, *op. cit.* (voir texte 3), p. 80-85.

Segnor, soiés en pais, laisiés la noise ester,
Se vos volés cançon glorieuse escouter.
Ja de nule mellor ne vos dira jougler ;
Ceste chançon doit on cier tenir et amer,
Car tant maint bon exanple i puet proudon trover.
Bien vos puis por voir dire, oiant tos affremer
C'ainc miudre ne fu dite, qui droit velt esgarder,
De le sainte cité qui molt fait a loer,
U Diex laisça son cors travellier et pener
Et ferir de la lance et plaier et navrer ;
Iherusalem l'apele qui droit le veut nomer.
Cist novel jougleor qui en suelent canter
Le vrai commencement en ont laisié ester,
Mais Grainsdor de Douai nel velt mie oblier
Ki nos en a les vers tous fais renoveler.
Huimais porés oïr de Jursalem parler
Et de cels ki alerent le Sepucre honorer
Com il firent les os de partout assambler.
[. . .]
28 Baron or m'escoutés, si laisiés le noisier,

Je vos dirai chançon qui molt fait a proisier.
[...]
59 Ci commence cançons u il n'a qu'ensegnier.
[...]
66 Segnor, n'a point de fable ens en nostre cançon,
Mais pure verité et saintisme sermon.
Ci commence la geste de la mute Pieron.
[...]
78 Oï l'avés chanter en une autre chançon,
Mais n'estoit pas rimee ensi com nos l'avon,
Rimee est de novel et mise en quarregnon.
Mais cil qui le rima n'i vaut metre son non,
Por çou que tels l'öist quin fronçast le grenon.
Diex li otroit qu'il ait de s'arme garison,
Ke ne voist en infer cele male maison !
[...]
121 Baron oés un vers qui molt fait a loer.

VIES DE SAINTS

24. *SAINT ALEXIS* (MS. *S*)

Édition : Gaston Paris, Paris, Franck, 1872, p. 222 ; *cf.* éd. Alison Goddard Elliott, Chapel Hill, Department of Romance Languages, 1983, p. 93.

Signour et dames, entendés un sermon
D'un saintisme home qui Allessis ot non,
Et d'une feme que il prist a oissor,
Que il guerpi pour Diu son Creatour,
Caste pucele et gloriouse flour,
Qui ains a li nen ot convercion ;
Pour Diu le fist, s'en a bon guerredon :
Saulve en est l'ame el ciel nostre signour,
Li cors en gist a Rome a grant hounor.

25. *SAINT GRÉGOIRE*

Édition : Eugenio Burgio, Venezia, Cafoscarina, 1993, p. 5 ; *cf.* édit. Hendrik Bastiaan Sol, *La vie du pape saint Grégoire. Huit versions françaises médiévales de la légende du bon pécheur*, Amsterdam, Rodopi, 1977, p. 4-5. – Ulrich Mölk, « La Vie de saint Grégoire. Motivanalyse und Motivgeschichte », *Gattungsinnovation und Motivstruktur.* Teil II, édit. Theodor Wolpers, Göttingen, Vandenhoeck und Ruprecht, 1992, p. 8-14.

Or entendés, por Dieu amour,
La vie d'un bon pecëor ;

De la terre fu d'Acuitaine,
Mais si pechié sont molt estraine
Que grans periex est a retraire :
Mais neporquant si doit on faire
As autres pecëors reprendre
Que ramenbrance i puissent prendre.
Icil pechié dont parler vuel
Ne fait a dire par orguel,
Mais por exemple d'autre gent,
Qu'il i prendent castïement.

26. *SAINT ÉDOUARD*

Édition : Östen Södergård, Uppsala, Almquist & Wiksell, 1948, p. 109 et 273. – Lucilla Spetia, « ... un faus franceis sai d'Angleterre... », *Cultura Neolatina*, n° 59, 1999, p. 129-147 ; Ian Short, « Verbatim et litteratim. Oral and written French in 12th-century Britain », *Vox Romanica*, n° 68, 2009, p. 156-168 ; *id.*, « L'Anglo-Normand au travail », *Romania*, n° 127, 2009, p. 487-489.

Si joe l'ordre des cases ne gart
Ne ne juigne part a sa part,
Certes n'en dei estre reprise,
Ke nel puis faire en nule guise.
Qu'en latin est nominatif,
Ço frai romanz acusatif.
Un faus franceis sai d'Angletere,
Ke ne l'alai ailurs quere.
Mais vus ki ailurs apris l'avez,
La u mester iert, l'amendez.
Al loënge le creatur
Coment cest' ovre et sa valur.
Sa valur me seit en aïe
De translater ci ceste vie

Que mun travail receive en gré
Et al seint seit a volenté.

Se nul de vus est desiranz
Ki avez oï cest rumanz,
De saveir en quel liu fust fait
E qui de latin l'ait estreit,
Par tel cuvenant le savreiz
Que vus le pius Deu requerez
Que il veraie merci face
A cele quil fist par sa grace.
En Berkinges en l'abeïe
Fu translatee ceste vie,
Pur amur saint Edward la fist
Une ancele al dulz Jhesu Crist.
Mais sun num n'i vult dire a ore,
Kar bien set n'est pas digne unkore
Qu'en livre seit oï ne lit
U si tres saint num ad escrit.
Si requiert a toz les oianz,
Ki mais orrunt cest soen rumanz,
Qu'il ne seit pur ço avilé,
Se femme l'ad si translaté.

27. GUERNES DE PONT-SAINTE-MAXENCE : *SAINT THOMAS BECKET*

Édition : Emmanuel Walberg, Paris, Champion, 1936 (*CFMA* 77), p. 1, p. 5-6 et p. 189-190.

Tuit li fysicïen ne sunt adès bon mire ;
Tuit clerc ne sevent pas bien chanter ne bien lire ;
Asquanz des troveürs faillent tost a bien dire ;
Tel choisist le nualz ki le mielz quide eslire,
E tel quide estre mieldre des altres, est li pire.

Si nuls voelt contruver u traitier u escrire,
De bien dire se peint, que nuls n'en puisse rire
U par alcune rien s'uvraine descumfire ;
Mette le sen avant, e li mals seit a dire :
Del bien amende l'um e nuls huem n'en empire.
[...]
Si volez esculter la vie al saint martyr,
Ci la purrez par mei plenierement oïr ;
Ni voil rien trespasser, ne rien n'i voil mentir.
Quatre anz i ai pres mis al feire e al furnir ;
D'oster e de remettre poi la peine suffrir.

Primes traitai d'oïe, e suvent i menti.
A Cantorbire alai, la verité oï ;
Des amis saint Thomas la verité cuilli,
E de ces ki l'aveient des enfance servi.
D'oster e de remettre le travail ensuffri.

Mes cel premier romanz m'unt escrivein emblé,
Anseis je l'oüsse parfet e amendé
E l'amer e le dulz adulci e tempré ;
E la u j'oi trop mis, ne l'oi uncore osté,
Ne le plus ne le mains n'erés ne ajusté.

Par lius est mençungiers e senz pleneireté ;
E nepurquant i a le plus de verité.
E meint riche umme l'unt cunquis e achaté ;
Mes cil en deivent estre, ki l'emblerent, blasmé.
Mes cestui ai del tut amendé e finé.

Tut cil autre romanz ke unt fait del martyr
Clerc u lai, muine u dame, mult les oï mentir,
Ne le veir ne le plain nes i oï furnir.
Mes ci purrez le veir e tut le plain oïr ;
N'istrai de verité pur perdre u pur murir.

Guernes li Clers del Punt fine ici sun sermun
Del martir saint Thomas e de sa passiun.

E mainte feiz le list a la tumbe al barun.
Ci n'a mis un sul mot se la verité nun.
De ses mesfaiz li face li pius Deus veir pardun !

Ainc mais si bons romans ne fu faiz ne trovez.
A Cantorbire fu e faiz e amendez
N'i a mis un sul mot qui ne seit veritez.
Li vers est d'une rime en cinc clauses cuplez.
Mis languages est bons, car en France fui nez.

28. DENIS PIRAMUS : *SAINT EDMUND*

Édition : Hilding Kjellman, Göteborg, Elander, 1935 (réimpression : Genève, Slatkine Reprints, 1974), p. 3-6 et p. 126-127 ; *cf.* l'édition du prologue, Ian Short (voir plus bas), p. 339-340. – Edmond Faral, *op. cit.* (voir texte 2), p. 173-174 ; Horst Baader, *Die Lais. Zur Geschichte einer Gattung der altfranzösischen Kurzerzählung*, Frankfurt, Klostermann, 1966, p. 249 et 310 ; Richard Baum, *Recherches sur les œuvres attribuées à Marie de France*, Heidelberg, Winter, 1968, p. 122-123 ; Philippe Ménard, *Les Lais de Marie de France*, Paris, PUF, 1979, p. 20 et 26 ; Ian Short, « Denis Piramus and the truth of Marie's Lais », *Cultura Neolatina*, n° 67, 2007, p. 319-340.

Mult ai usé cume pechere
Ma vie en trop fole manere,
E trop ai usée ma vie
E en peché e en folie.
Kant court hanteie of les curteis,
Si feseie les serventeis,
Chanceunettes, rimes, saluz
Entre les drues et les druz.
Mult me penai de tels vers fere
Ke assemble les puise treire,
E k'ensemble fussent justez

Pur acomplir lur volentez.
Ceo me fist fere l'enemi,
Si me tinc ore a malbaili ;
Jamés ne me burdera plus.
Jeo ai noun Denis Piramus ;
Les jurs jolifs de ma joefnesce
S'en vunt, si trei jeo a veilesce,
Si est bien dreit ke me repente.
En autre ovre mettrai m'entente,
Ke mult mieldre est e plus nutable.
[...]
Cil ki *Partonopé* trova
E ki les vers fist e rima,
Mult se pena de bien dire,
Si dist il bien de cele matire ;
Cume de fable e de menceonge
La matire resemble sounge,
Kar iceo ne put unkes estre.
Si est il tenu pur bon mestre
E les vers sunt mult amez
E en ces riches curz loëz.
E dame Marie autresi,
Ki en rime fist e basti
E compassa les vers de lais,
Ki ne sunt pas del tut verais ;
E si en est ele mult loée
E la rime par tut amée,
Kar mult l'aiment, si l'unt mult cher
Cunte, barun e chivaler ;
E si enaiment mult l'escrit
E lire le funt, si unt delit,
E si les funt sovent retreire.
Les lais solent as dames pleire,
De joie les oient e de gré,
Qu'il sunt sulum lur volenté.
Li rei, li prince e li courtur,
Cunte, barun e vavasur

Aiment cuntes, chanceuns e fables
E bons diz, qui sunt dilitables,
Kar il hostent e gettent puer
Doel, enui e travail de quer,
E si funt ires ublïer
E del quer hostent le penser.
Kant cil e vus, segnur trestuit,
Amez tel ovre e tel deduit,
Si vus volez entendre a mei,
Jeo vus dirrai par dreite fei
Un deduit, qui mielz valt asez
Ke ces autres ke tant amez,
E plus detitable a oïr.
Si purrez les almes garir
E les cors garantir de hunte.
Mult deit hom bien oïr tel cunte.
Hom deit mult mielz a sen entendre
Ke en folie le tens despendre.
Un dedut par vers vus dirrai,
Ke sunt de sen e si verai
K'unkes rien ne pout plus veir estre,
Kar bien le virent nostre ancestre,
E nus en aprés d'eir en eir
Avum bien veü que ceo est veir.
Kar a nos tens est avenu
De ceste oevre meinte vertu.
Ceo que hom veit, ceo deit hom crere,
Kar ceo n'est pas sunge n'arveire.
[...]
Translaté avum l'aventure,
Solum le livre e l'escripture,
De seint Edmund, coment il vint
En Engletere, que il tint,
Dunt rei fu tant cum il vesquit,
E del martire qu'il suffrit.
Translaté l'ai desqu'a la fin
E de l'engleis e del latin,

Qu'en franceis le poent entendre
Li grant, li maien e li mendre.
Uncor volum avant aler
E les granz miracles cunter
Que nostre sire Jhesu Crist
Pur sue amur mustra e fist.
Dit en ai une grant partie
En sun martire e en sa vie,
Mais ore vus dirrai la summe,
Nel tinc pas a fais n'a grant summe.
Denis Piramus, kil tranlate,
Nel tient pas a fais n'a baratte.

29. SIMUND DE FREINE : *SAINT GEORGES*

Édition : John E. Matzke, Paris, Firmin-Didot, 1909, p. 61-62.

Sages est qui sen escrit ;
Il fait a plusurs profit ;
Mult poet profiter a genz
Un escrit u sens est enz.
N'i ad rens en cest romanz
Dunt le profit ne seit granz.
De seint George vus voil dire
E descrivre son martire.
Fer fut pur sa lei defendre ;
Ren ne vout vers Deu mesprendre
Een Mahon ne vout crere ;
Il s'en larrat enz detrere.
Ne se vout unc reneër,
Einz se larrat il neër.
Mult li fist hom peine e mal
E tut tens out quer leal ;
Fin cuer out, ferme e fort.

Il ne vout pur sosfrir mort
Son Deu ne sa lei despire ;
Tut se lessa enz occire.
Pur conter a dreit l'estorie
E meuz aver en memorie,
Comencer voil ci endreit
D'un tirant qui dunt esteit.

30. MARIE DE FRANCE :
ESPURGATOIRE SAINT PATRICE

Édition : Karl Warnke, Halle, Niemeyer, 1938 (Bibliotheca normannica 11), p. 3 et 169 (retouches graphiques) ; *cf.* édit. Giosuè Lachin, Roma, Carocci, 2003 (Biblioteca medievale 88), p. 114 et 238. – Richard Baum, *op. cit.* (voir texte 28) p. 193-196.

El nun de Deu, ki od nus seit
E ki sa grace nus enveit,
Vueil en romanz metre en escrit,
Si cum li livre le nus dit,
En remembrance e en memoire,
« Des Peines de l'Espurgatoire » ;
Qu'a seint Patriz volt Deus mustrer
Le liu u l'um i deit entrer.

Jo, Marie, ai mis en memoire
Le livre de l'Espurgatoire
En romanz, qu'il seit entendables
A laie gent e covenables.
Or preium Deu que par sa grace
De noz pechiez mundes nus face.

31. *ESPURGATOIRE DE SAINT PATRICE*

Édition : Johann Vising, *Le Purgatoire de saint Patrice des manuscrits Harléien 273 et fonds français 2198*, Göteborg, Zachrisson, 1916, p. 19.

Pur la bone gent conforter
E pur la male amender
A dieu fet meinte merveile,
Sauntz qui ne se meot esteile,
Ne la fueille ne chiet del raim,
Par qui oisel n'ad point de faim.
Une merveile vueil descrivre ;
Je su requis, ne l'os dedire ;
De latin la dei estrere
E pur lais en romans fere.
Bien se purra ceil deduire
Qe de l'oier en prent cure.
Ce valt pluz que conter fables,
Eschés juer ou a tables,
On sourdent sovent grands tençons
E autres mesprisiouns.
De ce parler lerrai atant
E ma reson dirai avant.

32. *VIE DES PÈRES*

Édition : Paul Meyer, *HLF*, 33 (1906), p. 293 (v. 31 : corrompent = *corrompant*). Il s'agit d'une traduction en prose faite entre 1199 et 1229 pour Blanche, comtesse de Champagne. – Paul Meyer, *ibid.*, p. 292-314 ; Erich Köhler, *Trobadorlyrik und höfischer Roman*, Berlin, Rütten & Loening, 1962, p. 216.

Gentil contesse de Champaigne,
Fille au bon roy Sansse d'Espaigne,
Ge n'ai mie en moi grant science,
Et nepourquant vostre excellence,
Qui ne fet pas a correcier,
Me fist ceste euvre comencier.
Par vous encomençai ceste euvre
Por cuers de crestïens esmeuvre
A bien penser et a bien faire,
Et pour eus de pechié retraire.
Les autres dames de cest mont,
Qui plus pensent aval qu'amont,
Si font les mençonges rimer
Et les paroles alimer
Pour les cuers mielz enroïllier
Et pour honesté avillier.
Dame, de ce n'avez vos cure :
De mençonge qui cuers oscure,
Corrompent la clarté de l'ame,
N'en aiez cure, douce dame.
Laissiez Cligès et Perceval,
Qui les cuers tue et met a mal,
Et les romanz de vanité ;
[...]
Tout va, mès que bien fait qui dure :
Force, biauté, chevalerie,
Aise de cors et seingnorie,
Et quanc'on voit tretout trespasse.
[...]

33. *SAINT JULIEN*

Édition : Adolf Tobler, « Zur Legende vom heiligen Julianus », *Archiv für das Studium der neueren Sprachen*, n° 102, 1899, p. 109-110 et p. 168 (retouche au v. 4860). – Ulrich Mölk, *Romanistisches Jahrbuch*, n° 29, 1978, p. 209-212 ; Claudia Guggenbühl, *Recherches sur la composition et la structure du ms. Arsenal 3516*, Basel, Francke, 1998 (Romanica Helvetica 118), p. 14, 72, 130 et 246 ; Alessandro Vitale-Brovarone, « Un frammento della redazione in versi della leggenda di S. Giuliano », *Miscellanea di studi romanzi offerta a Giuliano Gasca Queirazza*, édit. Anna Cornagliotti, Alessandria, Orso, 1988, p. 1097-1124 ; Ulrich Mölk, « Un cas très curieux de transmission manuscrite : un nouveau témoin de la Vie de saint Julien l'Hospitalier », *Romanistische Zeitschrift für Literaturgeschichte / Cahiers d'histoire des littératures romanes*, n° 34, 2010, p. 1-2 et p. 7-10.

Cil troveor qui biaus dis truevent
Et lor scïences i esproevent,
Por ce qu'il en sevent les rois,
Dïent por contes et por rois,
Por les princes et por les contes
Font les beax dis et les beax contes,
Por chevaliers, por chastelains,
Dont il ont robes et lorains.
Mais jo, qui sui uns povres hom
Ne ne sui pas de grant renon
N'estre nel doi, al dire voir,
Car jo n'ai pas tant de savoir
C'on doie mie en grant pris metre,
Nequedent me voil entremetre
De faire la vie d'un saint.
Or proiés deu qu'il le m'ensaint ;
Car jo le fas por la proiere
D'une dame que j'ai molt chiere
Et ai ëue et voil avoir.
[...]

34 Jo sai bien coment on le nome,
Mais del nomer ne m'est mestiers.
[...]
59 D'un saint me fait dire l'estoire
Que molt de gent ont en memoire.

99 Molt fu sains Julïens haus hom,
Si com en sa vie lison.

4849 Or proit cascuns al creator
Que dex en force et en honor
Et bone fin et longe vie
Doint al conte par qui aïe,
Par qui grace l'estoire est faite.
Car ja nul jor ne fust retraite
Par nul home se par lui non.
Rogier al conte Phelippon
Covoite de bien altretant
Come dex par le monde espant.
Explicit de saint Julïen.
Dex nos mete trestos a bien !

RÉCIT BIBLIQUE

34. ÉVANGILE DE L'ENFANCE

Édition : Paul Meyer, *Romania*, n° 16, 1887, p. 221-222 (retouche au vers 36 : descrirai/*descriroi*). – Edmond Faral, *op. cit.* (voir texte 2), p. 171-172.

Dire vos veul chi et retraire
Chose qui a tous doit bien plaire,
Mes je vous pri premierement
Que vous m'escoutés bonnement.
Se vous entendre me voulés,
Les enfances oïr porrés
De Jhesucrist nostre dous pere,
Et de la sieue chiere mere.
Mout par fet bon a ce entendre
Et avoir le cuer dous et tendre,
Que li plus grant et li menour
Prendre i pueent preu et honor.
S'avés oï aséz souvent
Les romans de diverse gent
Et des mençongez de cest monde
Et de la grant Table roonde
Que li rois Artus maintenoit,
Ou point de verité n'avoit,
Qui vous venoient a talent;
Cestui oés devotement,
Que tout est fet de Jhesucrist,
Car vous i avrez grant profit,
Et grant bien a tous cex sera

Tant com cest siecle durera,
Qui volentierz l'escouteront
Et en lor cuers le retendront.
Oés sans nule entroubliance
Tretout cest livre en remembrance ;
Et je vous dis bien sans mentir
Que mout vous plaira a oïr
Ces enfancez que veul conter.
Et si ne vous veul riens moustrer
Que ne puisse prouver en leitre,
Sans mençonge ajouster ne mettre :
Si com en latin trouvé l'ai
En françois le vous descrirai,
Mot a mot, sans riens trespasser ;
Por Dieu ne me puis trop lasser.

ÉPOPÉES ANTIQUES

35. ALBERIC : *ALEXANDRE*

Édition : Ulrich Mölk / Günter Holtus, *Zeitschrift für romanische Philologie*, 115 (1999), p. 590 (commentaire, p. 605-609) ; *cf.* édit. Alfred Foulet, *The Medieval French Roman d'Alexandre*, Princeton, University Press, 1949 (Elliott Monographs in the Romance Languages and Literatures 38), vol. 3, p. 37. – Leo Spitzer, *Romanische Literaturstudien*, Tübingen, Niemeyer, 1959, p. 34-48 ; Erich Köhler, *L'aventure chevaleresque, Idéal et réalité dans le roman courtois. Etudes sur la forme des plus anciens poèmes d'Arthur et du Graal*, traduit de l'allemand par Eliane Kaufholz, préface de Jacques Le Goff, Paris, Gallimard, 1974, p. 52 ; Udo Schöning, *Thebenroman – Eneasroman – Trojaroman. Studien zur Rezeption der Antike in der französischen Literatur des 12. Jahrhunderts*, Tübingen, Niemeyer, 1991 (*BZRP* 235), p. 69-73.

Dit Salomon al primier pas
quant de son libre mot lo clas :
« Est vanitatum vanitas
et universa vanitas ».
Poyst lou me fay m'enfirmitas,
toylle s'en otiositas ;
solaz nos faz' antiquitas
que tot non sie vanitas !

En pargamen no'l vid escrit
ne per parabla non fu dit
del temps novel ne del antic
nuls hom vidist un rey tan ric

chi per batalle et per estric
tant rey fesist mat ne mendic
ne tanta terra cunquesist
ne tan duc nobli occisist
cum Alexander Magnus fist,
qui fud de Grecia natiz.

[Voici notre traduction de la première laisse souvent mal interprétée : « Salomon dit dès le premier passage où il fait retentir la voix de son livre : "Est *etc.*"Puisque mon infirmité m'indique la place adéquate, que l'oisiveté s'éloigne ! que la vieillesse nous donne de la joie afin que tout ne soit pas vanité ! »]

36. ALEXANDRE DE PARIS : *ALEXANDRE*

Édition : Laurence Harf-Lancner, Paris, Le Livre de Poche, 1994 (Lettres gothiques), p. 70 et 72 (branche I), p. 844, 846, 848 et 850 (branche IV) ; *cf.* édit. Edward C. Armstrong *et alii*, *The Medieval French Roman d'Alexandre*, Princeton, University Press, 1937 (Elliott Monographs in the Romance Languages and Literatures 37), vol. 2, p. 155 et 156 (branche I), p. 356 et 358. (Pour le *topos* « *asinus ad lyram* », voir texte 37.)

BRANCHE I

Qui vers de riche estoire veut entendre et oïr,
Por prendre bon essample de proëce acuellir,
De conoistre raison d'amer et de haïr,
De ses amis garder et chierement tenir,
Des enemis grever q'uns n'en puist eslargir,
Des laidures vengier et des biens fais merir,
De haster qant lieus est et a terme souffrir,
Oiés dont le premier bonement a loisir.
Ne l'orra gaires hom cui ne doive plaisir,
Ce est du mellor roi que Dieus laissast morir.

D'Alixandre vos veul l'estoire rafreschir,
Cui Deus dona fierté et el cors tel aïr
Que par mer et par terre osa gent envaïr.
[...]
L'estoire d'Alixandre vos veul par vers traitier
En romans qu'a gent laie doive auques portifier;
Mais tels ne set finer qui bien set commencier,
Ne mostrer bele fin por s'ovraigne essaucier,
Ains resamble l'asnon en son versefier,
Qui biaus est quant il naist et mainte gent l'ont chier,
Com plus croist, plus laidist et resamble avresier.
Cil troveor bastart font contes avillier
Si se veulent en cort sor les mellors proisier,
Ne conoissent bons mos et si veulent jugier,
Et qant il ont tout dit, si ne vaut un denier,
Ains convient la lor oevre par peniaus atachier.

BRANCHE IV

Or m'entendés, segnor, que Dieux vos beneïe!
Cui Dieus done le sens, il nel doit celer mie,
Mais bien se doit garder que a tel gent le die
Qui disnes soit d'oïr, car cil fait grant folie
Qui entre les porciaus gete sa margerie
Ne aveuc le forment seme la gargerie.
Teus se fait molt cortois plains est de vilonie;
Avarisse est montee et largesce est falie,
Bontés est refroidie, montee est felonie.
Oïs est cil qui sert de la losengerie,
Services est perdus s'avoirs ne li aïe.
Por ce le di, segnor, se Dieus me beneïe,
Ne veul que ma raisons soit de tel gent oïe
Qui bien ne sache entendre que ele senefie.
Qui chante de mençoigne s'ame est pres de perie;
Qui vilain veut aprendre de la chevalerie
De buison faire ostoir se paine et estudie;
Icil est faus provés, la letre le nos crie.

Salemons fu molt sages qui ce dist et otrie :
Costume ensegne a l'ome cil qui bien le chastie,
Mais nature a au loins toute la segnorie.
[...]
Li gentil chevalier et li clerc sage et bon,
Les dames, les puceles, qui ont clere façon
Qui sevent de service rendre le guerredon,
Cil doivent d'Alixandre escouter la chançon.
[...]
N'est drois que ja l'escoutent li escars, li aver ;
Tout autresi est d'aus, tres bien l'os afremer,
Com il est de l'asnon qui escoute a harper.
[...]
Ci fenissent li ver, l'estoire plus ne dure.
Ce raconte Alixandres de Bernai vers Eüre,
Qui onques nen ot jor longement aventure ;
S'un jor la trova blanche, l'endemain l'avoit sure.

ROMANS ANTIQUES

37. *ROMAN DE THÈBES*

Édition : Léopold Constans, Paris, Didot, 1890 (*SATF)*, vol. 1, p. 1-2 ; *cf.* édit. Guy Raynaud de Lage, Paris, Champion, 1966 (*CFMA* 94), p. 1. – H. Adolf, « The Ass and the Harp », *Speculum*, n° 25, 1950, p. 49-57 ; Erich Köhler, *op. cit.* (voir texte 35), p. 57-58 ; Alessandro Vitale-Brovarone, « The Asinus Citharaedus in the Literary and Iconographic Tradition », *Marche Romane*, n° 28, 1978, p. 121-129 ; Udo Schöning, *op. cit.* (voir texte 35), p. 76-77 ; Udo Schöning, « Temps et mémoire. Les romans antiques », *Penser l'ère nouvelle*, édit. Didier Lechat / Ulrich Mölk, Caen, Presses universitaires de Caen, 2006, p. 25-33 ; Aimé Petit, « Prologues du Roman de Thèbes », *Prologues et épilogues dans la littératures du Moyen Âge*, Textes réunis par Aimé Petit, Lille, Presses de l'Université Charles-de-Gaulle, 2001 (*Bien dire et bien aprandre, Revue de Médiévistique* 19), p. 201-211 ; Ulrich Mölk, *Mittelalter (Französische Literatur)*, Tübingen, Stauffenburg, 2008, p. 24-25.

Qui sages est nel deit celer,
Ainz por ço deit son sen monstrer,
Que, quant serra del siécle alez,
En seit pués toz jorz remembrez.
Se danz Homers et danz Platon
Et Vergiles et Ciceron
Lor sapience celissant,
Ja ne fust d'eus parlé avant.
Por ço ne vueil mon sen taisir,
Ma sapience retenir ;
Ainz me delet a aconter

Chose digne de remembrer.
Or s'en voisent de tot mestier,
Se ne sont clerc o chevalier,
Car aussi pueent escouter
Come li asnes al harper.
Ne parlerai de peletiers,
Ne de vilains, ne de berchiers ;
Mais de dous freres vos dirai,
Et lor geste raconterai.

38. BENOÎT DE SAINTE-MAURE : *ROMAN DE TROIE*

Édition : Léopold Constans, Paris, Didot, 1904 (*SATF*), vol. 1, p. 1-9. – Erich Köhler, *op. cit.* (voir texte 35), p. 54-60 ; Udo Schöning, *op. cit.* (voir texte 35), p. 81 ; Marc-René Jung, *La légende de Troie en France au moyen âge. Analyse des versions françaises et bibliographie raisonnée des manuscrits*, Basel, Francke, 1996 (Romanica Helvetia 114), p. 40 *et passim* ; Marc-René Jung, *Die Vermittlung historischen Wissens zum Trojanerkrieg im Mittelalter*, Freiburg, Universitätsverlag Freiburg, Schweiz, 2001 (Wolfgang Stammler Gastprofessur für Germanische Philologie, Vorträge 11), p. 10-34.

Salemon nos enseigne et dit,
E sil list om en son escrit,
Que nus ne deit son sen celer,
Ainz le deit om si demostrer
Que l'om i ait pro e honor,
Qu'ensi firent li ancessor.
Se cil qui troverent les parz
E les granz livres des set arz,
Des philosophes les traitiez,
Dont toz li monz est enseigniez,
Se fussent teü, veirement
Vesquist li siegles folement :
Come bestes eüssons vie ;

Que fust saveirs ne que folie
Ne seüssons sol esguarder,
Ne l'un de l'autre desevrer.
Remembré seront a toz tens
E coneü par lor granz sens,
Quar sciënce que est teüe
Est tost obliëe e perdue.
Qui set e n'enseigne o ne dit
Ne puet muër ne s'entroblit;
E sciënce qu'est bien oïe
Germe e florist e frutefie.
Qui veut saveir e qui entent,
Sacheiz de mieuz l'en est sovent.
De bien ne puet nus trop oïr
Ne trop saveir ne retenir;
Ne nus ne se deit atargier
De bien faire ne d'enseignier;
E qui plus set, e plus deit faire :
De ço ne se deit nus retraire.
E por ço me vueil travaillier
En une estoire comencier,
Que de latin, ou je la truis,
Se j'ai le sen e se jo puis,
La voudrai si en romanz metre
Que cil qui n'entendent la letre
Se puissent deduire el romanz :
Mout est l'estoire riche e granz
E de grant uevre et de grant fait.
En maint sen avra l'om retrait,
Saveir com Troie fu perie,
Mais la verté est poi oïe.
Omers, qui fu clers merveillos
E sages e esciëntos,
Escrist de la destrucion,
Del grant siege e de l'acheison
Por quei Troie fu desertee,
Que onc puis ne fu rabitee.

Mais ne dist pas sis livres veir,
Quar bien savons senz nul espeir
Qu'il ne fu puis de cent anz nez
Que li granz oz fu assemblez :
N'est merveille s'il i faillit,
Quar onc n'i fu ne rien n'en vit.
Quant il en ot son livre fait
E a Athenes l'ot retrait,
Si ot estrange contençon :
Dampner le voustrent par reison,
Por ço qu'ot fait les damedeus
Combatre o les homes charneus.
Tenu li fu a desverie
E a merveillose folie
Que les deus come homes humains
Faiseit combatre as Troïains,
E les deuesses ensement
Faiseit combatre avuec la gent ;
E quant son livre reciterent,
Plusor por ço le refuserent.
Mais tant fu Omers de grant pris
E tant fist puis, si com jo truis,
Que sis livres fu receüz
E en autorité tenuz.
Apres lonc tens que ç'ot esté,
Que Rome ot ja piece duré,
El tens Saluste le vaillant,
Que l'on teneit si a poissant,
A riche, a pro de haut parage
E a clerc merveillos e sage,
Cil Salustes, ço truis lisant,
Ot un nevo fortment sachant :
Cornelius ert apelez,
De letres sages e fondez.
De lui esteit mout grant parole :
A Athenes teneit escole.
Un jor quereit en un aumaire

Por traire livres de gramaire :
Tant i a quis e reversé
Qu'entre les autres a trové
L'estoire que Daire ot escrite,
En greque langue faite e dite.
Icist Daires dont ci oëz
Fu de Troie norriz e nez ;
Dedenz esteit, onc n'en eissi
Desci que l'oz s'en departi ;
Mainte proëce i fist de sei
E a asaut e a tornei.
En lui aveit clerc merveillos
E des set arz esciëntos :
Por ço qu'il vit si grant l'afaire
Que ainz ne puis ne fu nus maire,
Si voust les faiz metre en memoire :
En grezeis en escrist l'estoire.
Chascun jor ensi l'escriveit
Come il o ses ieuz le veeit.
Tot quant qu'il faiseient le jor
O en bataille o en estor,
Tot escriveit la nuit après
Icist que je vos di Darès :
Onc por amor ne s'en voust taire
De la verté dire e retraire.
Por ço, s'il ert des Troïens,
Ne s'en pendié plus vers les suens,
Ne mais que vers les Grezeis fist :
De l'estoire le veir escrist.
Lonc tens fu sis livres perduz,
Qu'il ne fu trovez ne veüz ;
Mais a Athenes le trova
Cornelius, quil translata :
De greu le torna en latin
Par son sen e par son engin.
Mout en devons mieuz celui creire
E plus tenir s'estoire a veire

Que celui qui puis ne fu nez
De cent anz o de plus assez,
Qui rien n'en sot, iço savon,
Se par oïr le dire non.
Ceste estoire n'est pas usee,
N'en guaires lieus nen est trovee :
Ja retraite ne fust ancore,
Mais Beneeiz de Sainte More
L'a contrové e fait e dit
E o sa main les moz escrit,
Ensi tailliez, ensi curez,
Ensi asis, ensi posez,
Que plus ne meins n'i a mestier.
Ci vueil l'estoire comencier :
Le latin sivrai e la letre,
Nule autre rien n'i voudrai metre,
S'ensi non com jol truis escrit.
Ne di mie qu'aucun bon dit
N'i mete, se faire le sai,
Mais la matire en ensivrai.

ROMANS BRETONS

39. BEROL : *TRISTAN*

Édition : Alfred Ewert, Oxford, Blackwell, 1939, vol. 1, p. 38 ; *cf.* édit. Daniel Lacroix / Philippe Walter, *Tristan et Iseut. Les poèmes français, la saga norroise*, Paris, Le Livre de Poche, 1989 (Lettres gothiques), p. 80. – Alfred Ewert, vol. 2, *ibid.*, 1970, p. 154-155 ; Alberto Varvaro, *Il Roman de Tristran di Beroul*, Torino, Bottega d'Erasmo, 1963, p. 92-93.

Governal est venuz au cri,
En sa main tint un vert jarri
Et fiert Yvain, qui Yseut tient.
[...]
Li contor dïent que Yvain
Firent nïer, qui sont vilain ;
N'en sevent mie bien l'estoire,
Berox l'a mex en sen memoire :
Trop ert Tristran preuz et cortois
A ocirre gent de tes lois.

40. CHRÉTIEN DE TROYES : *EREC*

Édition : Wendelin Foerster, Halle, Niemeyer, 3ᵉ éd., 1934 (Romanische Bibliothek 13), p. 1 ; *cf.* édit. Jean-Marie Fritz *et alii*, *Chrétien de Troyes, Romans*, Paris, Le Livre de Poche, 1994 (Classiques modernes), p. 61. – Eugène Vinaver, *À la recherche d'une poétique médiévale*, Paris, Nizet, 1970,

p. 105-128 ; Douglas Kelly, « The source and meaning of conjointure in Chrétien's *Erec* 14 », *Viator*, n° 1, 1970, p. 179-200 ; Tony Hunt, « Tradition and originality in the prologues of Chrestien de Troyes », *Forum for Modern Language Studies*, n° 8, 1972, p. 320-344 ; Gerold Hilty, « Zum Erec-Prolog von Chrétien de Troyes », *Philologica Romanic~ Festschrift für Erhard Lommatzsch*, édit. Manfred Bambeck, München, Fink, 1975, p. 245-256 ; Michel Zink, « Chrétien et ses contemporains », *The legacy of Chrétien de Troyes*, édit. Norris J. Lacy, Douglas Kelly, Keith Busby, Amsterdam, Rodopi, 1987, vol. 1, p. 6 ; Tony Hunt, « Chrétien's prologues reconsidered », *Conjunctures. Medieval Studies in Honor of Douglas Kelly*, édit. Keith Busby et Norris J. Lacy, Amsterdam, Rodopi, 1994, p. 153-158 ; Claudia Villa, « Per *Erec*, 14 : *Une mout bele conjointure* », *Studi di filologia medievale offerti a D'Arco Silvio Avalle*, édit. Lino Leonardi *et alii*, Milano, Ricciardi, 1996, p. 453-466 ; Isabel de Riquer, « Los prólogos de Chrétien de Troyes », *El prólogo literario* (voir texte 7), p. 101-119 ; Dan Octavian Cepraga, « Conjointure : ipotesi su un termine feticcio del romanzo medievale », *Parole e temi del romanzo medievale*, edit. Anatole Pierre Fuksas, Roma, Viella, 2007, p. 67-82.

Li vilains dit an son respit
Que tel chose a l'an an despit,
Qui mout vaut miauz que l'an ne cuide.
Por ce fet bien, qui son estuide
Atorne a san, quel que il l'et ;
Car qui son estuide antrelet,
Tost i puet tel chose teisir,
Qui mout vandroit puis a pleisir.
Por ce dit Crestiiens de Troies,
Que reisons est que totes voies
Doit chascuns panser et antandre
A bien dire et a bien aprandre,
Et tret d'un conte d'avanture
Une mout bele conjointure,
Par qu'an puet prover et savoir
Que cil ne fet mie savoir,
Qui sa sciance n'abandone
Tant con Deus la grace l'an done.

D'Erec, le fil Lac, est li contes,
Que devant rois et devant contes
Depecier et corronpre suelent
Cil qui de conter vivre vuelent.
Des or comancerai l'estoire
Qui toz jorz mes iert an memoire
Tant con durra crestiantez ;
De ce s'est Crestiiens vantez.

41. THOMAS : *TRISTAN*

Édition : Bartina H. Wind, Genève, Droz, 1960 (*TLF*), p. 119-121, p. 162-163 ; *cf.* édit. Daniel Lacroix / Philippe Wagner (voir texte 39), p. 436 et 438, p. 482. – Douglas Kelly, « *En uni dire* and the composition of Thomas' *Tristan* », *Modern Philology*, n° 67, 1969, 9-17.

FRAGMENT DOUCE

Seignurs, cest cunte est mult divers
E pur ço l'uni par mes vers
E di en tant cum est mester
E le surplus voil relesser.
Ne vol pas trop en uni dire :
Ici diverse la matyre.
Entre ceus qui solent cunter
E del cunte Tristran parler,
Il en cuntent diversement :
Oï en ai de plusur gent.
Asez sai que chescun en dit
E ço que il unt mis en escrit,
Mes sulun ço que j'ai oï,
Nel dient pas sulun Breri
Ky solt les gestes e les cuntes
De tuz les reis, de tuz les cuntes

Ki orent esté en Bretaingne.
En surquetut de cest' ovraingne
Plusurs de noz granter ne volent
Ço que del naim dire ci solent,
Ki femme Kaherdin dut amer :
Li nain redut Tristran navrer
E entuscher par grant engin,
Quant ot afolé Kaherdin ;
Pur ceste plaie e pur cest mal
Enveiad Tristran Guvernal
En Engleterre pur Ysolt.
Thomas iço granter ne volt,
E si volt par raisun mustrer
Qu'iço ne put pas esteer.
Cist fust par tut la part coneü
E par tut le regne seü
Que de l'amur ert parçuners
E emvers Ysolt messagers.
Li reis l'en haeit mult forment,
Guaiter le feseit a sa gent :
E coment pust il dunc venir
Sun servise a la curt offrir
Al rei, as baruns, as serjanz,
Cum fust estrange marchanz,
Que hum issi coneüz
N'i fud mult tost aparceüz ?
Ne sai coment il se gardast,
Ne coment Ysolt amenast.
Il sunt del cunte forsveié
E de la verur esluingné,
E se ço ne volent granter,
Ne vol vers eus estriver ;
Tengent le lur e jo le men :
La raisun s'i pruvera ben !

FRAGMENT SNEYD 2

Tumas fine ci sun escrit :
A tuz amanz saluz i dit,
As pensis e as amerus,
As emvius, as desirus,
As enveisiez e as purvers,
A tuz cels ki orunt ces vers.
Si dit n'ai a tuz lor voleir,
Le milz ai dit a mun poeir,
E dit ai tute la verur,
Si cum jo pramis al primur.
E diz e vers i ai retrait :
Pur essample issi ai fait
Pur l'estorie embelir,
Que as amanz deive plaisir,
E que par lieus poissent troveir
Choses u se puissent recorder :
Aveir em poissent grant confort,
Encuntre change, encuntre tort,
Encuntre paine, encuntre dolur,
Encuntre tuiz engins d'amur !

42. CHRÉTIEN DE TROYES : *CLIGÈS*

Édition : Wendelin Foerster, Halle, Niemeyer, 4e éd., 1921 (Romanische Bibliothek 1), p. 1-2 ; *cf.* édit. Jean-Marie Fritz *et alii* (voir texte 40), p. 291-292. – Ernst Robert Curtius, *La littérature européenne et le Moyen Âge latin*, traduit de l'allemand par Jean Bréjoux, Paris, PUF, 1956, p. 475-476 ; Erich Köhler, *op. cit.* (voir texte 35), p. 48-52 ; Gustav Adolf Beckmann, « Les premiers vers du *Cligès* », *Romania*, n° 122, 2004, 202-205 ; Ulrich Mölk, « Théories des âges du monde. A propos de quelques textes latins et français antérieurs au XIVe siècle », *Penser l'ère nouvelle* (voir texte 37), p. 21-23.

Cil qui fist d'Erec et d'Enide,
Et les Comandemanz Ovide
Et l'Art d'Amors an romanz mist
Et le Mors de l'Espaule fist,
Del roi Marc et d'Iseut la blonde,
Et de la Hupe et de l'Aronde
Et del Rossignol la Muance,
Un novel conte recomance
D'un vaslet, qui an Grece fu
Del lignage le roi Artu.
Mes ainz que de lui rien vos die,
Orroiz de son pere la vie,
Dont il fu et de quel lignage.
Tant fu preuz et de fier corage,
Que por pris e por los conquerre
Ala de Grece an Eingleterre,
Qui lors estoit Bretaigne dite.
Ceste estoire trovons escrite,
Que conter vos vuel et retreire,
An un des livres de l'aumeire
Mon seignor saint Pere a Biauvez.
De la fu li contes estrez,
Don cest romanz fist Crestiiens.
Li livres est mout anciiens,
Qui tesmoingne l'estoire a voire ;
Por ce fet ele miauz a croire.
Par les livres que nos avons
Les fez des anciiens savons
Et del siecle qui fu jadis. –
Ce nos ont nostre livre apris
Que Grece ot de chevalerie
Le premier los et de clergie.
Puis vint chevalerie a Rome
Et de la clergie la some,
Qui ore est an France venue.
Des doint qu'ele i soit retenue
Et que li leus li abelisse

Tant que ja mes de France n'isse
L'enors qui s'i est arestee.
Des l'avoit as autres prestee,
Mes des Grezois ne des Romains
Ne dit an mes ne plus ne mains ;
D'aus est la parole remese
Et estainte la vive brese.
Crestiiens comance son conte,
Si con l'estoire nos reconte
Qui treite d'un anpereor.

43. CHRÉTIEN DE TROYES (/ GODEFROI) : *LANCELOT*

Édition : Wendelin Foerster, Halle, Niemeyer, 1899, p. 1-2 et p. 252 ; *cf.* édit. Jean-Marie Fritz *et alii* (voir texte 40), p. 501-502 et p. 703-704. – Douglas Kelly, *Sens and conjointure in the Chevalier de la Charrette*, The Hague, Mouton, p. 33-85 ; Jean Rychner, « Le prologue du Chevalier de la Charrette et l'interprétation du roman », *Mélanges offerts à Rita Lejeune*, édit. Fred Dethier *et alii*, Gembloux, Duculot, 1969, vol. 2, p. 1121-1135 ; Ursula Bähler, « Lire le prologue du Chevalier de la Charrette de Chrétien de Troyes », *Donner du sens.* Études de sémiotique théorique et appliquée, édit. Ursula Bähler *et alii*, Paris, L'Harmattan, 2005, p. 145-164.

CHRÉTIEN

Des que ma dame de Chanpaingne
Viaut que romanz a feire anpraingne,
Je l'anprandrai mout volantiers,
Come cil qui est suens antiers
De quanqu'il puet el monde feire,
Sanz rien de losange avant treire.
Mes teus s'an poïst antremetre
Qui i vossist losange metre,

Si deïst, et jel tesmoignasse,
Que ce est la dame qui passe
Totes celes qui sont vivanz,
Tant con li funs passe les vanz,
Qui vante an mai ou an avril.
Par foi, je ne sui mie cil
Qui vuelle losangier sa dame,
Dirai je : Tant come une jame
Vaut de pelles et de sardines,
Vaut la contese de reïnes ?
Nenil, je n'an dirai ja rien,
S'est il voirs maleoit gre mien ;
Mes tant dirai je que miauz oevre
Ses comandemanz an ceste oevre
Que sans ne painne que j'i mete.
Del Chevalier de la Charrete
Comance Crestiiens son livre ;
Matiere et san l'an done et livre
La contesse, et il s'antremet
De panser si que rien n'i met
Fors sa painne et s'antancion ;
Des or comance sa raison.

GODEFROI

Seignor, se avant an disoie,
Ce seroit outre la matire,
Por ce au definer m'atire :
Ci faut li romanz an travers.
Godefroiz de Leigni, li clers,
A parfinee la Charrete ;
Mes nus hon blasme ne l'an mete
Se sor Crestiien a ovré,
Car ç'a il fet par le buen gre
Crestiien qui le comança :
Tant an a fet des la an ça,
Ou Lanceloz fu anmurez,
Tant con li contes est durez.

Tant an a fet : n'i vost plus metre
Ne mains, por le conte mal metre.

44. CHRÉTIEN DE TROYES : *PERCEVAL*

Édition : Alfons Hilka, Halle, Niemeyer, 1932, p. 1-4 ; *cf.* édit. Jean-Marie Fritz *et alii* (voir texte 40), p. 943-944 ; édit. Keith Busby, Tübingen, Niemeyer, 1993, p. 3-5. – Erich Köhler, *op. cit.* (voir texte 35), p. 74-75 et p. 222 ; Ulrich Mölk, *Mittelalter* (voir texte 37), p. 189-190 ; Michèle Vauthier, « Les paradoxes du prologue du Conte del Graal. Vers de nouvelles perspectives », *Prologues et épilogues* (voir texte 37), p. 225-239 ; Carlo Donà, « Il prologo del Conte del Graal e il senso del romanzo », *Studi mediolatini e volgari*, n° 48, 2002, p. 33-43.

Qui petit seme petit quiaut,
Et qui auques recoillir viaut,
An tel leu sa semance espande
Que fruit a çant dobles li rande ;
Car an terre qui rien ne vaut,
Bone semance i seche et faut.
Crestiiens seme et fet semance
D'un romanz que il ancomance,
Et si le seme an si bon leu
Qu'il ne puet estre sanz grant preu,
Qu'il le fet por le plus prodome
Qui soit an l'enpire de Rome :
C'est li cuens Phelippes de Flandres,
Qui miauz vaut ne fist Alixandres,
Cil que l'an dit qui tant fu buens ;
Mes je proverai que li cuens
Vaut miauz que cil ne fist assez ;
Car il ot an lui amassez
Toz les vices et toz les maus
Don li cuens est mondes et saus.

Li cuens est teus que il n'escoute
Vilain gap ne parole estoute,
E s'il ot mal dire d'autrui,
Qui que il soit, ce poise lui.
Li cuens aimme droite justise
Et leauté et sainte iglise
Et tote vilenie het,
S'est plus larges que l'an ne set,
Qu'il done selonc l'evangile,
Sanz ypocrisie et sanz guile,
Qui dit : « ne sache ta senestre
Le bien quant le fera ta destre ».
Cil le sache qui le reçoit,
Et Deus, qui toz les segrez voit
Et set totes les respostailles
Qui sont es cuers et es antrailles.
L'evangile por quoi dit ele :
« Tes biens a ta senestre cele ? »
La senestre, selonc l'estoire,
Senefie la vainne gloire,
Qui vient de fausse ypocrisie ;
Et la destre que senefie ?
Charité, qui de sa bone oevre
Pas ne vante, einçois se cuevre
Si que nus nel set se cil non
Qui Deus et charitez a non :
Deus est charitez, et qui vit
An charité, selonc l'escrit,
Sainz Pos le dit et je le lui,
Il maint an Deu, et Deus an lui.
Donc sachoiz bien de verité
Que li don sont de charité
Que li bons cuens Phelipes done,
Qu'onques nelui n'an areisone
Fors son franc cuer, le deboneire,
Qui li loe le bien a feire.
Ne vaut miauz cil que ne valut

Alixandres, cui ne chalut
De charité ne de nul bien ?
Oïl, n'an dotez ja de rien.
Donc avra bien sauve sa painne
Crestiiens, qui antant et painne
A rimoiier le meillor conte
Par le comandemant le conte
Qui soit contez an cort real :
Ce est li contes del Graal,
Don li cuens li bailla le livre,
S'orroiz comant il s'an delivre.

45. RENAUT DE BEAUJEU (BÂGÉ) : *LE BEL INCONNU*

Édition : G. Perrie Williams, Paris, Champion, 1929 (*CFMA* 38), p. 1 et p. 190-191. – Hans Robert Jauss, « Chanson de geste et roman courtois au XIIe siècle (Analyse comparative du *Fierabras* et du *Bel Inconnu*) », *Chanson de geste und höfischer Roman*, Heidelberg, Winter, 1963 (Studia romanica 4), p. 76-77 ; François Zufferey, « Renaut de Bâgé ou les infortunes du gai savoir », *Romania*, n° 124, 2006, p. 273-300.

Cele qui m'a en sa baillie,
Cui ja d'amors sans trecerie
M'a doné sens de cançon faire,
Por li veul un roumant estraire
D'un molt biel conte d'aventure.
Por celi c'aim outre mesure
Vos vel l'istoire comencier ;
En poi d'eure puet Dius aidier :
Por cho n'en prenc trop grant esmai,
Mais mostrer vel que faire sai.

6247 Ci faut li roumans et define.
Bele, vers cui mes cuers s'acline,

Renals de Biauju molt vos prie
Por Diu que ne l'obliés mie.
De cuer vos veut tos jors amer,
Ce ne li poés vos veer.
Quant vos plaira, dira avant,
U il se taira ore a tant.
Mais por un biau sanblant mostrer
Vos feroit Guinglain retrover
S'amie, que il a perdue,
Qu'entre ses bras le tenroit nue.
Se de çou li faites delai,
Si ert Guinglains en tel esmai
Que ja mais n'avera s'amie.
D'autre vengeance n'a il mie,
Mais por la soie grant grevance
Ert sor Guinglain ceste vengeance,
Que ja mais jor n'en parlerai
Tant que le bel sanblant avrai.

46. PAIEN DE MAISIÈRES : *LA MULE SANS FREIN* (*LA DEMOISELLE À LA MULE*)

Édition : D. D. R. Owen, Edinburgh, Scottish Academic Press, 1972, p. 61 ; *cf.* édit. Boleslas Orl·owski, Paris, Champion, 1911, p. 149.

Li vilains dit en reprovier
Que la chose a puis grant mestier
Que ele est viez et ariez mise.
Por ce par sens et par devise
Doit chascuns lou suen chier tenir,
Qu'il en puet mout tost bien venir
A chose qui mestier avroit.
Mains sont prisiees orendroit
Les viez voies que les novelles

Por ce qu'en les tient a plus beles –
Et si sont miaudres par sanblant ;
Mes il avient assez sovent
Que les viez en sont les plus chieres.
Par ce dist Paiens de Maisieres
Qu'en se doit tenir totes voies
Plus as viés qu'as noveles voies.

47. RAOUL DE HOUDENC : *MERAUGIS DE PORTLESGUEZ*

Édition : Michelle Szkilnik, Paris, Champion, 2004 (Champion classiques), p. 447-448, p. 442 ; *cf.* édit. Mathias Friedwagner, Halle, Niemeyer, 1897, p. 3-4 et p. 227.

Qui de rimoier s'entremet
Et son cuer et s'entente met,
Ne vault noient quanquë il conte
S'il ne met s'estude en cel conte
Qui touz jours soit bon a retraire.
Car joie est de bon oevre faire
De matire qui touz jours dure.
C'est des bons contes l'aventure
De conter a bon conteour.
Cil autre qui sont rimeour
De servanteis, sachiez que font :
Noient dient, car noient vont
Leur estude et leur motz q'il dient.
Contrediseur noient ne dient
Point de leur sens, ainz sont de ceus
Qui tout boivent leur sens par eus.
Pur ce Raoul de son sens dit
Que il veult de son sens qu'est petit
Un novel conte comencier
Qui sera bons a anouncier

Touz jours, ne ja mes ne morr~
Mes tant com cist siecles durra
Durra cis contes en grant pris :
C'est li comptes de Meraugis
Qui fist les faitz que je racont.
Mes se au conter ne vous mescont,
Il n'i a mot de vilainie
Ainz est conte de courtoisie
Et de biax motz et de plaisanz.
Nuls si n'est cortois et vaillanz
N'est dignes du conte escouter
Dont je vous voil les motz conter.

Cis contes faut, si s'en delivre
Raoul de Houdenc qui cest livre
Conmença de ceste matire.
Se nus i trueve plus que dire
Qu'il n'i a dit, si die avant,
Que Raouls s'en taira atant.

48. *YDER*

Édition : Heinrich Gelzer, Dresden, *GFRL*, 1913 (*GFRL* 31), p. 127-128 ; *cf.* édit. Alison Adams, Cambridge, Brewer, 1983 (Arthurian Studies 8), p. 166-167.

Plusors troveors se penerent
Es estoires qu'il mesmenerent
De feire unes descripcïons
De vergiez e de paveillons
E de el, si que tuit s'aparceivent
Qu'il en dient plus qu'il ne deivent.
Par cel quident lor traitez peindre,
Mes nel font, car nuls n'i deit feindre ;

O bien estoire o bien mensonge,
Tel dit n'a fors savor de songe,
Tant en acressent les paroles,
Mes jo n'ai cure d'iparboles :
Yparbole est chose non voire,
Qui ne fu ne que n'est a croire,
Ço en est la difinicion.

49. *HUMBAUT*

Édition : Jakob Stürzinger / Hermann Breuer, Dresden, *GFRL*, 1914 (*GFRL* 35), p. 2 et 6 ; *cf.* édit. Margaret Winters, Leiden, Brill, 1984, p. 4 et p. 7-8

Por moi le di qui faic un livre ;
Ma grande ovre me done et livre
Sens de trover par mos divers.
Ja mais ne vos erent dit vers
De nule rime qui cels sanblent.
Or entendés con il asanblent
Et con il sont a dire fort.
Mais por itant me reconfort,
Car je sai bien cil qui ensaigne
Set tres bien ço que il ensainne.
Qui ne puet pas grant cose faire,
Ne doit baer a livre faire.
[...]
Ne dira nus hon que je robe
Les bons dis Crestien de Troies
Qui jeta anbesas et troies
Par le maistrie avoir deu jeu
E juames por ce maint jeu.

50. *DURMART LE GALLOIS*

Édition : Edmund Stengel, Tübingen, Laupp, 1873 (*BLV* 106), p. 1 (retouches graphiques, voir aussi Stengel, p. 534) ; *cf.* édit. Joseph Gildea, Villanova, The Villanova Press, 1965, vol. 1, p. 1.

Ki bealz moz seit dire et entendre
Bien les doit conter et aprendre
A celz ki les vulent oïr,
Dont bien et honor puet venir.
Je ne di pas, qu'a totes gens
Doive li hom mostrer son sens ;
Kar mainte gent sevent blasmer
Et reprendre sens amender
Et mains om blasme sens raison,
Telz chose n'est se annuis non.
Por chu me plaist, que cil m'entende
Ki bien reprent et bien amende.
J'ai mis mon penser et ma cure
D'un roial conte d'aventure
Commencier et dire briement
Sens annioz alongement.
Por cho est li contes roials,
Que filz de roi fu li vassals
Dont li contes est devisés
Qui bien doit estre renomés.

51. ROBERT DE BLOIS : *BEAUDOUS*

Édition : Jacob Ulrich, Berlin, Mayer & Müller, 1889, vol. 1, p. 9-10 (correction au v. 306, retouches graphiques) ; *cf.* édit. Jacques Charles Lemaire, Liège, Les Éditions de l'Université de Liège, 2008, p. 28, 30 et 32. – Claudia Guggenbühl, *op. cit.* (voir texte 33), p. 261-267.

Ce saichiez, n'est pas controvure,
Ainz est tot estrait d'escriture.
A Tors ou mostier sain Martin
Le trovai escrit en latin.
Or le vuel je en romanz metre
Tot ensi com conte la letre,
Que je del mien rien n'i metrai
Fors tant ke par rime dirai,
Por ce que ceus le vuel aprendre
Qui ne sevent latin entendre.
Et ci dis est mout bel et gens
C'ancor i poront mainte gens
Example prendre et demander,
C'il i volent a droit penser.
Li malvais s'en chastïeront
Et li boen s'en amenderont.
Et mout doit on prisier tel dit
Qui fait solas et grant profit
Et dont li cors et l'arme amende ;
Bien est raison c'on i entende.
As saiges soit li solaciers
Et as fous soit li profitiers.
Et li escriture comande
C'adés soit li proudom en grande,
Ou k'il soit, de tel uevre faire
Dont puist a nostre signor plaire.
Li hom leniers et perissous
Et ki trop sovent est oissous
Chiet plus tost en fole pensee.
Dont doit voloir chascuns k'il bee
A Deu amer, a Deu servir ;
Entense a ce dont puet venir
Nes cuers et bone volenteiz.
Vos savez bien, c'est veritez,
Que kant li bons ovrers bien oevre,
Mout s'ajoit de la bone oevre,
Et millor lowier en atant,

Quant la voit prover bellement ;
Et cil ki la bone oevre voient,
C'en delitent et s'en esjoient.
En regardant ont sovent dit :
Benois soit ki ceste oevre fist.
Quant diables nos trovera
En bone oevre, lors s'en ira
Si desconfis et si sanz joie
Com li leus kant il pert sa proie.
En l'onor del roi tant poissant
Vuel comancier d'or en avant.
Cil sires me soit en aïe
Qui de tot a la signorie.
Car tuit li bon comencement
Et tuit li bon definement
Sont de par Deu, nostre signor.
Sans lui n'a nule rien valor.
Por ce l'apel, por ce le pri
Par sa pitié, par sa merci
Me doint ce oevre bien fenir
Et comencier a son plaisir.

52. *CLARIS ET LARIS*

Édition : Corinne Pierreville, Paris, Champion 2008 (*CFMA* 157), p. 111-113 ; *cf.* édit. Johann Alton, Tübingen, Laupp, 1884 (*BLV* 169), p. 1-3.

Qui en rimer velt painne metre,
Soutilment se doit entremetre
De tel matire avant trere
Qui puist toute bone gent plere,
Car nus mauvés ne met sa cure
En escouter bonne aventure,
Car trop li sembleroit amer,

Mes s'il ooit autrui blaumer
Ou raconter un vilein fet
C'on n'avroit espoir dit ne fet,
– C'on mesdit sovent par envie
Seur gent qui sont de bone vie –,
Ce li pleroit moult a oïr!
Dont se pueent bien esjoïr
Li mauvés, car Mesdire raingne,
Si que je ne puis veoir rienne
Qui n'ait sa semence espandue.
S'en avons si joie perdue
Que toute est perdue et retrete
Et Tristece s'est avant trete,
Qui set norrir hutin et guerre.
Bien i pert dame est de la terre!
Terre et mer et air a porpris
Et Joie a si perdu son pris
Que nules nouveles n'en oi
Ni en feste ni en tornoy
Qui maintenant sont semé cler,
Car Couvoitise tient la cler
De leur cuers puis que Joie i faut.
Et savez vous que ce lor vaut?
Il usent lor vie en tristece
Sanz bien, sanz honor, sanz largece.
Es hostieus des roys et des contes
N'a fors que de tristece contes;
Nus de leece ne parole,
Tristece les tient a escole.
[...]
Li voir dire ne m'est pas sains,
Martyr seroie, non pas sains,
Car en voir dire apertement
N'a fors que tristece et torment.
De ceus qui or sont maintenent
Ne puis faire conte avenant
Se je vueill dire verité.

Pour ce me vient en volenté
De dire, c'on ne m'en repraigne,
Des aventures de Bretaigne.
Au tens que li rois d'Engleterre
Artus vint Bretaigne conquerre
Et saisi ot la seignorie,
Iert en grant pes chevalerie
Et Largesce el plus haut degré
Car tuit la servoient de gré.

ROMANS COURTOIS NON BRETONS

53. CHRÉTIEN (DE TROYES ?) : *GUILLAUME D'ANGLETERRE*

Édition : Wendelin Foerster, Halle, Niemeyer, 1911 (Romanische Bibliothek 20), p. 3 et 89 ; *cf.* édit. Maurice Wilmotte, Paris, Champion, 1927 (*CFMA* 55), p. 1 et 102 ; Gian Carlo Belletti, Parma, Pratiche, 1991 (Bilioteca medievale 17), p. 56 et 250.

Crestiiens se viaut antremetre
Sanz rien oster et sanz rien metre
De conter un conte par rime
Ou consonante ou lionime,
Aussi con par ci le me taille,
Mes que par le conte s'an aille.
Ja autre garde n'i prandra :
La plus droite voie tandra,
Que il onques porra tenir
Si que tost puisse a fin venir.
Qui les estoires d'Angleterre
Voldroit ancerchier et anquerre,
Une, qui mout fet bien a croire
Por ce que pleisanz est et voire,
An troveroit a saint Esmoing.
Se nus m'an demande tesmoing,
La l'aille querre, se il viaut.
Crestiiens dit, qui dire siaut,
Qu'an Angleterre ot ja un roi
Qui mout ama De et sa loi.
[...]

3362 Tes est de cest conte la fins :
Plus n'an sai, ne plus n'an i ~
La matiere si me conta
Uns miens conpainz, Rogiers, li cointes,
Qui de maint preudome est acointes.

54. GAUTIER D'ARRAS : *ILLE ET GALERON*

Édition : Wendelin Foerster, Halle, Niemeyer, 1891 (Romanische Bibliothek 7), p. 1 et 2 ; *cf.* édit. Frederick ~G. Cowper, Paris, Picard, 1956 (*SATF*), p. 3 et p. 31-32. – Horst Baader, *op. cit.* (voir texte 28), p. 12, 249-250, 310.

Aïe, Dius, sains esperis !
K'a le millor empererris
Qui onkes fust si con je pens
Otroi mon service et mon sens,
Tel me convient ; atempreüre
Voel metre en ceste troveüre
Et trover atempreement,
Mais que de loer seulement
Celi qui a honour enclose.
Çou est la letre, mes la glose
Puet on atorner faussement,
Sor cui c'on veut ; mes longement
Ne se tient nule doreüre
A envers d'une laveüre.
[...]
928 Mes s'autrement n'alast l'amors,
Li lais ne fust pas si en cours,
Nel prisaissent tot li baron.
Grant cose est d'Ille et Galeron :
N'i a fantome ne alonge,
Ne ja n'i troverés mençonge.

Tex lais i a, qui les entent,
Se li sanlent tot ensement
C'on s'eüst dormi et songié.

55. HUE DE ROTELANDE : *IPOMEDON*

Édition : Anthony J. Holden, Paris, Klincksieck, 1979 (*BFR* 17), p. 62-64, p. 516-517 ; *cf.* édit. Eugen Kölbing / Eduard Koschwitz, Breslau, Koebner, 1889, p. 1 et p. 179. – Ulrich Mölk, *Archiv für das Studium der neueren Sprachen*, 219, 1982, p. 221-222.

Qui a bons countes voet entendre,
Sovent il poet grans biens aprendre ;
Par escuter enveiseüres
Et retrere les aventures
Ke avyndrent a l'ancien tens,
Poet l'en oyr folie et sens.
Or lessums folie ester
Kar de sens fet mult bien parler.
N'est de tut povre ki est sage
Mes les uns sont de tel corage,
Ne vodreint pur nule rien
Ke l'en seüst par eus nul bien.
Ki si covertement se tient
Moi est avis ke fous devient,
Kar sun grant sens qe lui vaudra
Kant del siecle departira ?
Ja de cel jor n'ert mes retret
Si pur Deu n'ad aucun bien fet ;
Cil sen devient l'en ne seit ou
Kar il ne autre n'avra ja pru.
Moult me mervail de ces clers sages
Ky entendent plusurs langages,
K'il ont lessee ceste estorie,

Ke mise ne l'ont en memorie.
Ne di pas qe il bien ne dit
Cil qi en latin l'ad descrit,
Mes plus i ad leis ke lettrez ;
Si li latin n'est translatez
Gaires n'i erent entendanz ;
Por ceo voil dire en romanz
A plus brefment qe jeo savrai,
Si entendrunt e clerc e lai.
Hue de Rotelande nus dit,
Ky cest' estorie nous descrit,
Ky de latin velt romanz fere
Ne lui deit l'em a mal retrere
S'il ne poet tuz ses cas garder,
De tut en tut les tens former ;
Mes pur hastiver la matire
Nos estovra par biau motz dire ;
Ffors la verrour n'y acrestrai,
Dirai brefment ceo qe jeo en sai.
Ke grant ovre voet translater,
Brefment l'estuet outre passer,
Ou si ceo noun trop se anoieront
Cil ki de oïr talent avront ;
Ne voil tut mon sen celer mes,
Or me escotez, si aiez pes !

Ipomedon a tuz amanz
Mande saluz en cest romanz,
Par cest Hue de Rotelande ;
De part de deu d'amur cumande
Des or mes lealment amer,
Sens tricherie e senz fauser ;
E se nuls de amer se retrait
Devant ço ke il ait sun bon fait,
Enfin cil ert escumengé,
E puis si ait plener cungé
De enveisir la u il purra,

Asouz ert cil ki plus avr~
A Credehulle a ma meisun
Chartre ai de l'absoluciun ;
Se il i ad dame u pucele
U riche vedve u dameisele
Ne voille creire ke jo l'ai,
Venge la, jo li musterai ;
Ainz que d'iloc s'en seit turné
La chartre li ert enbrevé,
E ço n'ert pas trop grant damages
Se il seaus li pent as nages.

56. *PARTONOPEUS DE BLOIS*

Édition : Joseph Gildea, Villanova, Villanova Press, 1967, vol. 1, p. 3-6 ; *cf.* édit. Olivier Collet / Pierre-Marie Joris, Paris, Le livre de Poche, 2005 (Lettres gothiques), p. 72, 74 et 76. – Jürgen von Stackelberg, « Das Bienengleichnis [*parabole des abeilles*]. Ein Beitrag zur Geschichte der literarischen *imitatio* », *Romanische Forschungen*, n° 68, 1956, p. 271-293) ; Penny Simons / Penny Eley, « The Prologue to *Partonopeus de Blois. Text, Context and Subtext* », *French Studies*, n° 49, 1995, p. 1-16 ; Silvère Menegaldo, « Quand le narrateur est amoureux : prologues et épilogues *lyriques* dans le roman de chevalerie en vers aux XIIe et XIIIe siècles », *Prologues et épilogues* (voir texte 37), p. 149-165.

Et je sui jone et engignous,
Sains et delivres et joious,
Si me somont joie et jovens
Que je ne soie uisous ne lens.
Por ço wel par envoiseüre
En escrit metre une aventure,
Et bele et bone et mervellouse.
Que que ce soit cose grevouse,
Grant loisir ai et bon sejor,

La merci Deu et mon segnor.
Se je me jou sans vilonie,
Nel m'en tornés mie a folie.
Cil clerc dïent que n'est pas sens
D'escrire estoire d'antif tens
Quant jo nes escris en latin,
Et que je pert mon tans enfin.
Cil le perdent qui ne font rien,
Molt plus que je ne fas le mien :
As tables et as eschés jüent
Et en ce lor entente alüent,
Et ne font rien a remanant ;
Lors tans m'es vis qu'il vont perdant.
Si tost con li giu sont giué,
S'en sont tot li profit alé ;
Et cil i perdent ansement
Qui o iaus sont al giu present.
Mais au mien deduit partiront
Tuit cil qui l'oront et veront,
S'en porra l'en prandre toz tens
Et bons exemples et bons sens.
Sains Pols, li maistre de la gent,
Nos dist en son ensegnement
Que quanqu'est es livres escrit,
Tot i est por nostre profit
Et por nos en bien doctriner,
Que saçons vices eschiver.
Il dist raison et bien et voir,
Et parfont et repus savoir,
Car nus escris n'est tant frarins,
Nis des fables as Sarrasins,
Dont on ne puist exemple traire
De mal laissier et de bien faire.
En nul escrit n'a nule rien
Ne senefit u mal u bien ;
Li max i est que on l'eschiut,
Li biens que on en bien l'aliut.

Mal et bien i doit l'on trover
Por conoistre et por deviser.
Nus hom n'eschive mal por sens
S'il nel conoist por garder s'en,
Ne ne fait bien dont il ait gre
S'eins nel connoist en son pensé.
Fox hom ne puet nul sens trover
Fors le gros sens c'on puet taster ;
Li sages de quanqu'a sos ciel
Trait sens, com ex trait d'erbe miel.
Li ex s'asiet desor l'ortie,
Tant le porgarde et tant l'espie
Qu'il trait le miel de l'amertume.
C'est del sage home la costume
Qu'il porgart cascune parole,
Et de la sage et de la fole
Eslise le sens par voisdie,
Sel traie hors de la folie.
Por ce vos di qu'en cest escrit
Avra maint bien et maint mal dit ;
L'un et l'autre metrons en letre
Por faire bien et mal demetre :
Ce puet en cest escrit aprendre
Qui ot et set et wet entendre.

57. *ROMAN DES SEPT SAGES*

Édition : Jean Misrahi, Paris, Droz, 1933, p. 3-4 ; *cf.* édit. Heinrich Adelbert Keller, Tübingen, Fues, 1836, p. 1-2. – Ana Paiva Morais, « Prologos : préinscription et écriture dans le *Roman des Sept Sages* », *Préfaces romanesques*, édit. Mladen Kozul *et alii*, Louvain, Peeters, 2005, p. 39-49.

Plaist vos oïr bons dis et biaus,
Qui sont d'auctorité nouviaus ?

Essample sont tuit veritable,
N'est mie mençoinge ne fable.
Anchois sont merveilles provees,
Plus fieres ne furent trouvees.
Si les vous voel dire briément,
Sans long prologe metre avant.
Romans avés oï adiés,
Les uns boins, les autres malvais,
De chiaus ki sont atrait de songes,
De losenges et de menchoignes ;
Mais chou fait l'on pour gaegnier,
Et beneois soit le mestier
Ki bien vest et plaist son signor
Et le maintient a grant honor.
Neïs li rois n'en porte plus
Ki de la terre est audesus,
Fors viandes, chevaus et dras ;
Si en est il molt souvent las.
Assés avés oï chançons
Et lons respis et nouviaus sons,
Dire fables et rotruenges,
Bieles paroles et losenges,
Lais de rotes et de vïeles
Et autres melodies bieles.
Et bien avés oï conter
Com Alpheus ala harper
En infier por sa femme traire.
Apolins fu si deboinaire
K'il li rendi par tel convent
S'ele ne s'aloit regardant.
Femme est tous jors plainne d'envie,
Regarda soi par mesproisie.
Il n'est occise ne dolour,
Ne tempeste ne tenebrour
Que par femme ne soit venu ;
Maint malvais plait en sont meü.
Et bien avés oï la somme

Par coi femme sot plus que homme,
Et com ele venki par plait
A Romme les saige tous siet.

58. JEHAN RENART : *L'ESCOUFLE*

Édition : Franklin, Genève, Droz, 1974 (TLF 211), p. 1-2 (retouches graphiques), p. 295-296. – Erich Köhler, *Trobadorlyrik* (voir texte 32), p. 220-221 ; Rita Lejeune, « Jean Renart, pseudonyme littéraire de l'évêque de Liège, Hugues de Pierrepont (1200-1229) », *Revue belge de philologie et d'histoire*, n° 77, 1999, p. 271-297.

Que sages fait, comment k'il aille,
Ki son sens aüse et travaille
En dire aucune boune chose.
Mout hounore home et alose
Bons dis et bien fais, ce me sanlle ;
Et ki boune parole assenlle
Por traire as gens en essamplaire,
C'est une chose ki doit plaire
A tos ciaus ki raison entendent,
Car mout voi conteors ki tendent
A bien dire et a recorder
Contes ou ne puis acorder
Mon cuer, car raisons ne me laisse ;
Car ki verté trespasse et laisse
Et fait venir son conte a fable,
Ce ne doit estre chose estable
Ne recetee en nule court ;
Car puis que mençoigne trescort
Et vertés arriere remaint,
Ceste chose sevent bien maint
K'a cort a roi n'a cort a conte
Ne doit conteres conter conte,

Puis que mençoigne passe voir ;
Et ce doit bien cascuns savoir
De ciaus qui entendent raison.
Mais qui en tans et en saison
Puet metre un bel conte en memoire
Et faire un dit de boune estoire
Et mout bien fait cil qui s'en paine,
Ki vertés soit, c'est bele paine.
Ce dist cil qui set ke ce monte
K'en poi de tens essauce et monte
Vertés et met un home en pris ;
Dont ne me tieng a entrepris.
Nus ne me doit en mal retraire
Se je voel en mon tans retraire
Et metre en memoire un viel conte
Dont l'estoire nos dis et conte
Ke c'est li contes de l'Escoufle ;
Ne desque la ou bise souffle
Ne cuit qu'il ait mie dis homes
Ki sacent de cui nos disommes,
Tant a esté lonc tans celés
Li contes qui est revelés
Par moi et mis en escriture.
Ici comence l'aventure.
[…]
9059 Vousdrai je que mes roumans aut
Jusqu'al gentil conte en Hainaut :
Sel metra en autorité.
Hom m'a tant de bien de li conté
Que jou ne voel que l'ait, s'il non.
Pour ço qu'il est de tel renon,
Veul jou qu'il l'ait tous premerains.
[…]
9072 Mais je ne cuit que li desplaise
Fors li nons, c'on en tient a lait.
Mais c'est drois que li roumans ait
Autretel non comme li contes.

59. JEHAN RENART : *LE ROMAN DE LA ROSE* (GUILLAUME DE DOLE)

Édition : Félix Lecoy, Paris, Champion, 1963 (*CFMA* 91), p. 1-2 ; *cf.* édit. Jean Dufournet / Félix Lecoy, Paris, Champion, 2008 (Champion Classiques), p. 70 et 72.

Cil qui mist cest conte en romans,
Ou il a fait noter biaus chans
Por ramenbrance des chançons,
Veut que ses pris et ses renons
Voist en Raincïen en Champaigne
Et que li biaus Miles l'apregne
De Nantuel, uns des preus del regne ;
Car aussi com l'en met la graine
Es dras por avoir los et pris,
Einsi a il chans et sons mis
En cestui *Romans de la Rose*,
Qui est une novele chose
Et s'est des autres si divers
Et brodez, par lieus, de biaus vers
Que vilains nel porroit savoir.
Ce sachiez de fi et de voir,
Bien a cist les autres passez.
Ja nuls n'iert de l'oïr lassez,
Car, s'en vieult, l'en i chante et lit,
Et s'est fez par si grant delit
Que tuit cil s'en esjoïront
Qui chanter et lire l'orront,
Qu'il lor sera nouviaus toz jors.
Il conte d'armes et d'amors
Et chante d'ambedeus ensamble,
S'est avis a chascun et samble
Que cil qui a fet le romans
Qu'il trovast toz les moz des chans,

Si afierent a ceuls del conte.
Si conmencë ici son conte.

60. ALEXANDRE DE BERNAI : *ATHIS ET PROPHILIAS*

Édition : Alfons Hilka, Dresden, *GFRL*, 1912 (*GFRL* 29), vol. 1, p. 1, 6-8, 210 ; *cf.* édit. Marie-Madeleine Castellani, Paris, Champion, 2006 (*CFMA* 150), p. 141 et 301. – Erich Köhler, *op. cit.* (voir texte 35), p. 48-55 ; Ulrich Mölk (voir texte 37), p. 21-23 ; Marie-Madeleine Castellani, « La réalisation du projet initial dans *Athis et Prophilias* », *Prologues et épilogues* (voir texte 37), p. 45-55.

Qui saiges est de sapience,
Bien doit espandre s'escience,
Que teus la puisse recoillir,
Don boins essanples puise issir.
Oez del savoir Alixandre,
Qui por ce fist ses vers espandre,
Quant il sera del siegle issuz,
Qu'aus autres soit amanteüz.
Ne fu pas saiges de clergie,
Mes des auctors oï la vie ;
Mout retint bien an son memoire.
Ci nos raconte d'une estoire
De deus citez riches et granz,
Qui mout par estoient puissanz.
Rome si avoit non la mestre,
Qui mainte terre fist irestre.
[...]
161 D'estorz et de chevalerie
Portoit Rome la seignorie.
[...]
Or vos diré d'autre cité
Que li livres apele Athene,

De sens et de clergie plene.
En Athenes totes estoient
Les lois qu'a icel tans tenoient.
Mout par ert saige la citez ;
Ni avoit cel, ne fust letrez.
[...]
Del savoir qui ert en Athene
Fu puis Rome garnie et plene.
[...]
Athene est pleinne de clergie
Et Rome de chevalerie.
Proesce por savoir chanjoient,
Sifeitement s'entr'aprenoient :
En Athene n'avoit riche home
Qui n'enveast son fil a Rome,
Quant il ert saiges de clergie,
Por aprandre chevalerie ;
Et cil de Rome espressemant
R'anveoient lor filz sovant
A Athene, por bien antendre
Le san et la clergie aprendre.

FIN DU MS. DE TOURS

Ci faut li contes d'Alixandre
Qui veult qu'en ault ses vers espandre,
Et soient oï en maint lieu,
Et que l'en ait en l'oïr preu.
Alixandres voirement dist,
Qui ceste estoire nous escrist,
Que mieus vault sages sans avoir
Que ne fait riches sans savoir.
Or nos doint Dieus bone aventure,
Que li contes avant ne dure.

61. *COMTE DE POITIERS*

Édition : Bertil Malmberg, Lund, Ohlsson, 1940 (Études romanes de Lund 1), p. 105.

Oiés por Dieu, le fil Marie,
Chançon de molt grant segnorie.
Vous avés maintes fois oï
Chanter du lignage Aimeri,
De Karlemagne le poissant
Et d'Olivier et de Rollant
Et de Guillaume Fierebrache
Et de Rainouart a le mache,
Qui les dis rois conquist as mains.
Del tot passa Pepins li nains.

62. GERBERT DE MONTREUIL : *ROMAN DE LA VIOLETTE*

Édition : Douglas Labaree Buffum, Paris, Champion, 1928 (*SATF*), p. 3-5.

Sens de povre homme est poi prisiés ;
A painnes ert autolisiés
Ja mais nus hom, s'il n'a avoir ;
Namporquant je pris miex savoir
C'avoir. Avoirs est tost faillis ;
Assés tost est uns hom salis
De grant avoir en la poverte.
Ja puis ne li ert porte ouverte
Volentiers ; quant il vient a court,
Erranment arriere racourt,
Pou chou c'on ne l'i laisse entrer.
Por chou vous voel dire et moustrer

Qui povres est, vils est tenus
Et o les riches mal venus;
Mais qui sens a, c'est avantages;
On dist assés tost : « Cis est sages ».
Pour chou me voel jou entremetre
D'un plaisant conte en rime metre.
Puis ke scïenche ai et tant vail.
Ja ne lairai pour mon travail
Que je ne die auchun biel mot;
Et se auchuns mesdisans m'ot
Et il en a duel et envie,
Se je me deduis en ma vie,
S'il en dist mal, li mals soit siens.
Puis ce di que li sens est miens;
Ne il doit nuire ne peser,
Se je me deduis au penser;
Si fait il grieve as envïeus,
Male goute lor criet lor ieus!
Que je dirai, mais bien lor poist,
Tant com jou puis et il me loist,
Un conte biel et delitable.
N'est pas de la Reonde Table,
Dou roi Artu ne de ses gens;
Et s'est li contes biaus et gens,
Que je vous voel dire et conter,
Car on i puet lire et chanter;
Et si est si bien acordans
Li cans au dit, les entendans
En trai a garant que di voir.
Miels ainc mon sens d'autrui avoir,
C'autrui avoir truis trop estraigne.
Des or commencherai l'ouvraigne
Dou Roumanch de la Violete.

63. HERBERT : *DOLOPATHOS*

Édition : Jean-Luc Leclanche, Paris, Champion, 1997 (*CFMA* 124), p. 79-80. – Jean-Luc Leclanche, « La dédicace d'Herbert, auteur du *Dolopathos* en vers français, à Louis VIII », *Romania*, n° 111, 1990, p. 563-569.

A poinnes puet perdre sa poinne
Qui sert proudonme et ki se poinne
De lui faire sa volenteit ;
Mais l'en n'en trueve mais planteit :
Chascuns jour li ciecles ampire,
Hui est mavais et demain pire,
Trop pert proesse de son nom.
Ne trueve on mais se mavais nom.
Et nonporcant, se je poioie,
Molt volentierz me peneroie,
Se je m'en savoie entremettre,
C'an boin roman poïxe mettre
Une ystore aikes ancïenne
Qui estraite est de gent paienne.
Li estore est et bonne et belle,
Toz jors dovroit estre novelle,
Car jai vielz ne doit devenir
Choze dont bien puet avenir.
Uns blans moinne de bonne vie
De Haute Sielve l'albaye
Ait ceste ystore noveleie,
An beil laitin l'ait ordenee.
Herberz la vuet en romans traire
Et de roman un livre faire
El nom et en la reverance
Del fil Phelipe, a roi de France,
Loeys, c'on doit tant loier,
Car li filz Deu l'en vot doieir

Del dowaire de vacelaige.
Tant est vallans de son eaige
Ke je ne puis nelui veoir
Ou ma poinne puist mués seoir.
Li boins arbres doit boin frut randre,
Et qui raison i doit antendre
Bien puet legieremant savoir
Ke plus grant valor doit avoir
Loeys c'Alexandre n'out,
Ke tant valuit et ke tant sout.
Phelipes fut peire Alexandre,
Mais molt par fut sa volour maindre
Ke la Phelipe, a roi de France ;
Et bien saichiez tot sen doutence
C'Alixandres estoit paiens,
Mais Loeys iert crestïens,
Et s'ait millor conmencemant ;
Dex li dont boin definemant !
Pour s'onour ancomancerai,
Ceste ystore anromancerai ;
Molt serai liez et a grant aixe
Se je dui chose ke lui plaixe.
Lonc l'istore me donst voir dire
Cil ke de touz est rois et sires.

64. PHILIPPE DE BEAUMANOIR : *LA MANEKINE*

Édition : Hermann Suchier, Paris, Didot, 1884 (*SATF*), p. 3-4.

Phelippes de Remi ditier
Veut un roumans, u delitier
Se porront tuit cil qui l'orront.
Et bien sacent qu'il i porront
Assés de bien oïr et prendre,

Se il a chou voelent entendre.
Mais s'aucuns est ci qui se dueille
De bien oïr, pour Dieu, ne voelle
Ci demorer, anchois voist s'en !
Ce n'est courtoizie ne sen
De nul conteeur destourber.
Autant ameroie tourber
En un marés comme riens dire
Devant aucune gent qui d'ire,
D'envie, d'orgueil sont si plain
Que tenu an sont pour vilain.
Par tel gent sont tuit revelé
Li mal qui amont sont levé ;
Car du bien qu'il sevent se taisent.
Et pour chou que il poi me plaisent,
Leur voel, anchois que je commans
La matere de mon roumans,
Priier de ci que il s'en voisent,
Ou qu'il ne tencent ne ne noisent.
Car biaus contes si est perdus,
Quant il n'est de cuer entendus,
Meïsmement a chiaus qui l'oënt.
Pour chou leur requier jou qu'il n'oënt
Ce conte que je met en rime.
Et se je ne sai leonime,
Merveillier ne s'en doit on mie ;
Car mout petit sai de clergie,
Ne onques mais rime ne fis.
Mais ore m'en sui entremis,
Pour chou que vraie est la matere
Dont je voel ceste rime fere ;
N'il n'est mie drois c'on se taise
De ramembrer cose qui plaise.
Des or voel jou a Dieu priier
Que il me doinst bien definer
Ce conte que j'ai ci empris,
Et par moi est en rime mis,

Et a tres tous chiaus grans biens doigne
Qui loëront ceste besoigne.
Des or mais vous commencerai
Que ja de mot n'en mentirai,
Se n'est pour ma rime alongier,
Si droit com je porrai lignier.

65. REQUIS : *RICHARS LI BIAUS*

Édition : Wendelin Foerster, Wien, Hölder, 1874, p. 1-2 (retouches graphiques, correction au v. 11 Gliglois/ *Clipois*) ; *cf.* édit. Anthony J. Holden, Paris, Champion, 1983 (*CFMA* 106), p. 25-27.

Segnor, un petit m'entendés,
En entendant sens aprendés.
Car chilz qui ot et riens n'entent,
Ch'est chilz qui cace et riens ne prent.
Mes pourpoz est, dont ie weil dire,
Telz c'on ne puet de millour lire.
Ains li contes de Lanselot,
D'Erech ne de Bielliennort,
De Maden ne de Piercheval,
D'Ieuwain, de Keu le senescal,
Ne de Cliget ne de Gliglois
Ne valurent pas un liegois,
Ne li rois Mars ne dans Tristans,
Que ceste ne vaille dis tans.
Pour nient oriez de Charlemainne
Qui en Espagne ot mainte painne
Ne de Rollant ne d'Olivier
Ne dou duc Namlon ne d'Ogier
Ne de Gerart le Vienois
Ne dou bon Berart l'Ardenois,
De Bauduin ne de Sebille,

D'Alixandre ne de Guillaume
Qui tant paiien fri sour hyaume
Ne d'Aimmery le sien chier pere,
D'Orson ne d'Ughe son compere,
De Parise ne d'Ughechon
Ne de dame Aye d'Avignon –
Tout chil que ie vous ai conté
N'ont de valour ne de bonté
Vaillant deus nois enviers chestui
Dont vous m'orrés conter ancui.
D'un enfant dirai l'aventure
Qui prime fu piesme et mout dure,
Mais puis fist il tout sans avoir
Par son sens et par son savoir
Le mariage de sa mere,
Si le donna a son chier pere,
Puis fist cascun porter couronne,
Si con li diz et l'escriz sonne
[...]
Chi nous raconte l'escripture
Mout bien ditee une aventure

Que mestres Requis rimoya,
De mout biaus dis l'enlumin~

66. JAKEMES : *LE CASTELAIN DE COUCI*

Édition : Maurice Delbouille, Paris, *SATF*, 1936, p. 3-5.

Amours, qui est principaumant
Voie de vivre honnestement,
M'a donné voloir de retraire
Un conte de tres noble affere
Pour les amoureus esjoïr

Qui le vorront lire ou oyr.
Mauvais ne se poet acorder
A oïr bien dire ou compter;
Et puis k'oyrs si li desplest,
Li faires bien pas ne li plest.
Mais jadis li prince et li conte
Que Amours metoit en son conte
Faisoient cans, dis et partures
En rimes de gentes faitures :
Ensi grascioient Amours,
En complaingnant de lor dolours.
Ore, aussi bien qu'adonques fu,
Tient Amours alumé sen fu,
Dont aujourd'ui li vrai amant
En sont de soie amour flamant;
Mais, pour les faignans desloiaus,
Dist on qu'a painne est nuls loiaus.
Mais si est, il en est encore
Autant qu'il fu a nul tempore,
Et de ciaus qui rommans et dis
Feroient trop mieus que jadis.
Mais cil qui ne les sévent faire
Ne entendre leur sont contraire
Et dient en mocois souvent
Qu'il sont soufflet contre le vent
Et menestrel et jougleour,
Qui en ce mettent leur labour.
Ce sont gent rude et paysant
Qui tels parolles vont disant,
Car des cortois et bien apris
Ja mes ne seroient repris,
Ains lor plest et volentiers l'oent
Et les biaus dis amoureus loent.
Mais cil ne les voellent loer
Qui tout bien soelent desloer.
S'il avient que faire savoir
Le puist uns hons a peu d'avoir,

Lors diront cil a mal trouvé,
Qu'en son hosteil fait escouvé.
Ensement maisdient et blasment
Les faiseours et les diffament,
Dont maint ont le trouver laissié.
Mes puis k'ai ce dit commencié,
Pour tels gens ja ne le lairai,
Car des boins blasmés n'en serai.
Or doinst Amours par sa bonté
Que celle le reçoive en gré
Que mes cuers aimme tant et prise
Que pour li ai ceste oevre emprise !

67. ADENET LE ROI : *CLEOMADÉS*

Édition : Albert Henry, *op. cit.* (voir texte 20), vol. 5, Bruxelles, Editions de l'Université de Bruxelles, 1971, p. 11, 13, 547.

En non de Dieu le creatour
Qui nous doinst par sa grant douçour
Que les ames li puissons rendre,
Vorrai a rimoiier entendre.
Je qui fis d'Ogier le Danois
Et de Bertain qui fu ou bois
Et de Buevon de Commarchis
Ai un autre livre rempris,
Moult merveilleus et moult divers.
Dieus doinst que teus soit chascuns vers
Que blasmés n'en soie et repris !
Mout est l'estoire de grant pris
Et a oyr mout gracïeuse ;
Tant est diverse et merveilleuse,
Que je croi c'onques nus n'oy
Si diverse comme cesti.

Je m'esmai forment de l'emprise
Comment l'aie bien a chief mise ;
Mais ce me fait reconforter
Que me daignierent conmander
Que je ceste estoire entendisse
Et a rimer l'entrepreïsse
Deus dames en cui maint la flour
De sens, de biauté, de valour.
[...]
Et certes moult en doi amer
Humilité par cui le firent :
Par li fu ce qu'eles me dirent
K'a faire empreïsse ce livre.
Dieus, se il li plaist, m'en delivre
En tel maniere et en tel point
Que ja de desdit n'i ait point.
Car seur tous vices sans mentir
Doit on le mesdire haïr ;
Et a ce a bonne raison,
Car mesdis muet de traïson ;
Et cil qui en traïson maint,
Ce sevent bien maintes et maint,
N'a part en Dieu ne Dieus en lui.
Or gart Dieus de honte et d'anui
Ceaus qui mainent en loiauté,
Et me doinst par sa volenté
Que je puisse venir a chief
De recorder de chief en chief
La tres plus merveilleuse estoire
Qui onques fust mise en memoire !
Bien doit estre en autorité,
Pour ce qu'ele est de verité
Estraite, dou tans ancïen,
Des le tans Deoclesïen.
Dire le vous vorrai briement,
Vez en ci le conmencement.
[...]

Mais se vous savoir en voulez
Plus avant, en Espaigne alez ;
Ou a Toulete ou a Sebile ;
Je ne sai pas en laquel vile
De ces deus plus tost trouveriés
L'estoire, se la queriiés,
Car espoir ont esté ostees
Les cronikes et remuees
Ou ceste matere fu prise
Que nus n'ot qui moult ne la prise.
Qui de ceste estoire vorra
Avant savoir, il couvenra
Que il la matiere tant quiere
Que il la truist, se il l'a chiere ;
Car les dames qui m'en conterent
Ce qu'en ai dit n'en deviserent
Fors tant que dit vous en ai ci.

CHANTEFABLE

68. *AUCASSIN ET NICOLETTE*

Édition : Mario Roques, Paris, Champion, 1973 (*CFMA* 41), 2e éd., p. 1 (retouche au v. 2 : *virgule*) ; *cf.* édit. Mariantonia Liborio, Parma, Pratiche Editrice, 1991 (Biblioeca medievale 18), p. 34. – Leo Spitzer, *op. cit.* (voir texte 35), p. 49-63 ; Robert Harden, « *Aucassin et Nicolette* as Parody », *Studies in Philology*, n° 63, 1966, p. 1-9 ; Mariantonia Liborio, « *Aucassin et Nicolette* : I limiti di una parodia », *Cultura Neolatina*, n° 30, 1970, p. 156-171 ; Tony Hunt, « La parodie médiévale. Le cas d'*Aucassin et Nicolette* », *Romania*, n° 100, 1979, p. 341-381 ; Rosanna Brusegan, « Retorica di *Aucassin et Nicolette* », *Paragone*, n° 414, 1984, p. 46-63.

Qui vauroit bons vers oïr
Del deport du viel antif,
De deus biax enfans petis,
Nicholete et Aucassins,
Des grans paines qu'il soufri
Et des proueces qu'il fist
Por s'amie o le cler vis,
Dox est li cans, biax li dis
Et cortois et bien asis.
Nus hom n'est si esbahis,
Tant dolans ni entrepris,
De grant mal amaladis,
Se il l'oit, ne soit garis
Et de joie resbaudis,
Tant par est douce.

RÉCITS BREFS

69. MARIE DE FRANCE : *LAIS*

Édition : Karl Warnke, Halle, Niemeyer, 1925, 3e éd. (Bibliotheca normannica 3), p. 3-4 ; *cf.* édit. Alfred Ewert, Oxford, Blackwell, 1958, p. 1-2 ; Jean Rychner, Paris, Champion, 1977 (*CFMA* 93), p. 1-3 ; Laurence Harf-Lancner / Karl Warnke, Paris, Le Livre de Poche, 1990 (Lettres gothiques), p. 22 et 24. – Leo Spitzer, *op. cit.* (voir texte 35), p. 3-14 ; Horst Baader, *op. cit.* (voir texte 28), p. 46, 56-62, 152-155 ; Richard Baum, *op. cit.* (voir texte 28), p. 31-37, Pierre Jonin, « Les préambules des Lais de Marie de France », Mélanges de littérature du Moyen Âge au XXe siècle offerts à Mademoiselle Jeanne Lods, Paris, École Normale Supérieure de Jeunes Filles, 1978, p. 351-364 ; Jacques T. E. Thomas, « Le prologue des Lais de Marie de France, en glosant la lettre », *Le forme e la stori~ Rivista di filologia moderna*, n° 11, 1996, p. 7-28 ; Charles Méla, « Lire à plus haut sens. Lecture du prologues des Lais de Marie de France », *Cinquante années d'études médiévales.* Textes rassemblés et publiés par Claude Arrignon *et alii*, Turnhout, Brepols, 2005, p. 763-769.

Qui Deus a duné esciënce
E de parler bone eloquence,
Ne s'en deit taisir ne celer,
Ainz se deit voluntiers mustrer.
Quan uns granz biens est mult oïz,
Dunc a primes est il fluriz,
E quant loëz est de plusurs,
Dunc a espandues ses flurs.
Custume fu as anciëns,
Ceo testimoine Preciëns,

Es livres que jadis faiseient
Assez oscurement diseient
Pur cels ki a venir esteient
E ki aprendre les deveient,
Que peüssent gloser la letre
E de lur sen le surplus metre.
Li philesophe le saveient,
Par els meïsmes l'entendeient,
Cum plus trespassereit li tens,
Plus serreient sutil de sens
E plus se savreient guarder
De ceo qu'i ert, a trespasser.
Ki de vice se vuelt defendre,
Estudiër deit e entendre
E grevose oevre comencier;
Par ceo s'en puet plus esloignier
E de grant dolur delivrer.
Pur ceo començai a penser
D'alcune bone estoire faire
E de Latin en Romanz traire;
Mais ne me fust guaires de pris :
Itant s'en sunt altre entremis.
Des lais pensai qu'oïz aveie.
Ne dutai pas, bien le saveie,
Que pur remembrance les firent
Des aventures qu'il oïrent
Cil qui primes les comencierent
E ki avant les enveierent.
Plusurs en ai oïz conter,
Nes vueil laissier ne obliër.
Rimé en ai e fait ditié,
Soventes feiz en ai veillié.
En l'onur de vus, nobles reis,
Ki tant estes pruz e curteis,
A qui tute joie s'encline,
E en qui quer tuz biens racine,
M'entremis des lais assembler,

Par rime faire e reconter.
En mun quer pensoe e diseie,
Sire, ques vos presentereie.
Se vos les plaist a receveir,
Mult me ferez grant joie aveir;
A tuz jurs mais en serrai liee.
Ne me tenez a surquidiee,
Se vos os faire icest present.
Ore oëz le comencement!

70. MARIE DE FRANCE : *LAIS*, *GUIGEMAR*

Édition (voir texte 69) : Karl Warnke, p. 5-6; *cf.* Alfred Ewert, p. 3; Jean Rychner, p. 5-6; Laurence Harf-Lancner, p. 26. – Richard Baum, *op. cit.* (voir texte 28), p. 37-41 ; Jacques Ribard, « Le Lai de Guigemar : conjointure et senefiance », *Amour et Merveille. Les Lais de Marie de France*, Études recueillies par Jean Dufournet, Paris, Champion, 1995 (Collection Unichamp 46), p. 133-145.

Ki de bone matire traite,
Mult li peise, se bien n'est faite.
Oëz, seignur, que dit Marie,
Ki en sun tens pas ne s'oblie.
Celui deivent la genz loër,
Ki en bien fait de sei parler.
Mais quant il a en un païs
Hume ne femme de grant pris,
Cil ki de sun bien unt envie
Sovent en diënt vileinie.
Sun pris li vuelent abaissier :
Pur ceo comencent le mestier
Del malvais chien coart, felun,
Ki mort la gent par traïsun.
Nel vueil mie pur ceo laissier,

Se jangleür u losengier
le me vuelent a mal turner;
Ceo est lur dreiz de mesparler.
Les contes que jo sai verais,
Dunt li Bretun unt fait les lais,
Vos conterai assez briefment.
El chief de cest comencement
Sulunc la letre e l'escriture
Vos mosterrai une aventure,
Ki en Bretaigne la Menur
Avint al tens anciënur.

71. MARIE DE FRANCE : *ESOPE*

Ésope : Karl Warnke, Halle, Niemeyer, 1898 (Bibliotheca normannica 4), p. 3-5, p. 327-328 ; *cf.* édit. Charles Brucker, Louvain, Peeters, 1991, p. 48, 50, 366, 380. – Hans Robert Jauss, *Untersuchungen zur mittelalterlichen Tierdichtung*, Tübingen, Niemeyer, 1959 (*BZRP* 100), p. 24-33 ; Ulrich Mölk, « Fuchs und Wölfin. Über eine Episode des Ysengrimus und ihre englische Quelle », *Anglo-Saxonica*, Festschrift für Hans Schabram, édit. Klaus R. Grinda et Claus-Dieter Wetzel, München, Fink, 1993, p. 522-524.

Cil, ki sevent de letreüre,
Devreient bien metre lur cure
Es bons livres e es escriz
E es essamples e es diz,
Que li philosophe troverent
E escristrent e remembrerent.
Par moralité escriveient
Les bons proverbes qu'il oeient,
Que cil amender s'en poïssent
Ki lur entente en bien meïssent.
Ceo firent li anciën pere.

Romulus, ki fu emperere,
A sun fiz escrist e manda
E par essemple li mustra
Cum se deüst cuntreguaitier
Que hum nel peüst engignier.
Esopes escrist a sun mestre,
Ki bien cunut lui e son estre,
Unes fables qu'il ot trovees
De Griu en Latin translatees.
Merveille en orent li plusur
Qu'il mist sun sens en tel labur;
Mes n'i a fable de folie
U il nen ait philosophie
Es essamples ki sunt aprés,
U des cuntes est tuz li fes.
A mei, ki la rime en dei faire,
N'avenist niënt a retraire
Plusurs paroles ki i sunt;
Mes nepuruec cil m'en sumunt,
Ki flurs est de chevalerie,
D'enseignement, de curteisie;
E quant tels huem m'en a requise,
Ne vueil laissier en nule guise
Que n'i mete travail e peine,
Ki que m'en tienge pur vileine;
Mult dei faire pur sa preiere.
Ci comencerai la premiere
Des fables qu'Esopes escrist,
Qu'a sun mestre manda e dist.

ÉPILOGUE

Al finement de cest escrit,
Qu'en Romanz ai traitié e dit,
Me numerai pur remembrance :
Marie ai num, si sui de France.
Puet cel estre, cil clerc plusur

Prendreient sur els mun labur :
Ne vueil que nuls sur lui le die ;
Cil uevre mal ki sei ublie.
Pur amur le cunte Willalme,
Le plus vaillant de cest reialme,
M'entremis de cest livre faire
E de l'Engleis en Romanz traire.
Esope apelë um cest livre,
Kil translata e fist escrivre,
De Griu en Latin le turn~
Li reis Alvrez, ki mult l'ama,
Le translata puis en Engleis,
E jeo l'ai rimé en Franceis,
Si cum jol truvai, proprement.
Or pri a deu omnipotent
Qu'a tel uevre me doinst entendre,
Que jeo li puisse m'alme rendre.

72. *ISOPET* I

Édition : Julia Bastin, Paris, Champion, 1929 (*SATF*), vol. 2, p. 303-304 et 329 (*variante du vers 15 de l'épilogue* : Pour les gens layes seulement).

Ce livret que cy vous recite
Plaist a ouir et si profite ;
Et pour ce que plus delitables
Soit, y a maintes beles fables.
A ce qu'oiseuse ne peresce
Mon sen n'endorme ne ne blesce,
Me voil traveillier et pener
D'un petit jardin ahener
Ou chascuns porra, si me samble,
Cuiller et fruit et fleur ensamble :
Fleur, que a oïr est delitables,

Fruis, quar en fait est profitables.
Qui la fleur plaira, la fleur prengne,
Et qui le fruit, le fruit retiegne ;
Qui voudra le fruit et la fleur,
Prengne les deus, c'est le meilleur.
[...]
31 En maint biau dit qui semble fable,
Ha maint biau mot et bon notable.
J'ai oy dire mainte fois :
Sous seche cruse est bonne nois.

ÉPILOGUE

Or vos ai conté mainte fable,
Ou maint bon mot et profitable
Puet chascun oïr et entendre
Qui a la fin se voudra prendre.
Mès aus bourdes ne gardés mie,
Toute la mouelle et la mie,
Tout le sen, toute la substance
Vous enseigneront sans doubtance
Les derreniers vers de la fable,
Car il sont trestout veritable ;
Et du françois et du latin
Prenés vous, sam plus, a la fin ;
Il n'i a nulle fauseté,
Et pour ce l'é je translaté,
Pour les dammes tant seulement
L'ai du latin trait en rommant.

73. JEHAN RENART : *LAI DE L'OMBRE*

Édition : Félix Lecoy, Paris, Champion, 1983 (*CFMA* 104), p. 1-2. – Rita Lejeune, *op. cit.* (voir texte 58), p. 288-293.

Ne me vueil pas desaüser
De bien dire, ainçois vueil user
Mon sens a el qu'a estre oiseus.
Je ne vueil pas resanbler ceus
Qui sont garçon por tout destruire ;
Quar, puis que j'ai le sens d'estruire
Aucun bien en dit ou en fet,
Vilains est qui ses gas en fet,
Se ma cortoisie s'aoevre
A fere aucune plesant oevre
Ou il n'ait ranposne ne lait.
Fols est qui por parole lait
Bien a dire, por qu'il le sache ;
Et s'aucuns fel sa langue en sache,
Par droiture tout ce li doit ;
Quar nient plus que je puis cest doit
Fere ausi lonc conme cestui,
Ne cuit je que on peüst hui
Fere un felon debonere estre ;
Et miex vient de bone eure nestre
Qu'estre de bons, c'est dit pieç~
Par Guillaume, qui depieça
L'escoufle et art un a un menbre,
Si con li contes nous remenbre,
Puet on prover que je di voir ;
Et miex vient a un honme avoir
Eür que avoir ne amis :
Amis muert, et on est tost mis
Fors de l'avoir, qui bien nel garde
Ou qui a fol le met en garde ;

Mes celui qui le gaste et use,
Et aprés sa folie encuse
Qu'il l'a despendu sanz mesure,
Se d'iluec aprés s'amesure
Si lait la folie qu'a fait
Et mesaventure li lait,
Eürs le ra tost mis en pris.
Et por ce l'ai je si empris
Que je vueil mon sens enploier
A bien dire et a souploier
A la hautece de l'Eslit.
Mout par me torne a grant delit
Quant ma volentez est eslite
A fere ce qui me delie,
Une aventure a metre en rime.
L'en dit, qui bien nage et bien rime,
Qui de haute mer vient a rive,
Qui a port de bien dire arrive,
Plus l'en proisent et roi et conte.
Or orrez par tens en cest conte
Que dirai, s'anuis ne m'enconbre,
En cest lai que je faz de l'Onbre.

74. GAUTIER DE COINCI : *MIRACLES DE NOSTRE DAME*

Édition : V. Frederic Koenig, Genève, Droz, 2e éd., 1966 (*TLF*), vol. 1, p. 1-5. – Uta Ebel, *Das altromanische Marienmirakel. Ursprung und Geschichte einer literarischen Gattung*, Heidelberg, Winter, 1965 (Studia romanica 8), p. 68-77, p. 92-98 ; Jesús Montoya Martínez, « Los prólogos de Gautier de Coinci a *Les Miracles de Nostre Dame* », *El prólogo literario* (voir texte 7), p. 195-208 ; Marie-Geneviève Grossel, « Prologues et épilogues dans les *Miracles Notre Dame* de Gauiter de Coinci », *Prologues et épilogues* (voir texte 37), p. 111-122.

A la loenge et a la gloire,
En ramembrance et en memoire
De la roïne et de la dame
Cui je commant mon cors et m'ame
A jointes mains soir et matin,
Miracles que truis en latin
Translater voel en rime et metre
Que cil et celes qui la letre
N'entendent pas puissent entendre
Qu'a son servise fait boen tendre.
Tuit le saige doivent savoir
Qui bien la sert qu'il fait savoir.
Qui ne la sert mout petit s'aime,
Car de toz biens est ce la saimme.
La douce dame bien aprise,
Por qu'ai ceste matere enprise,
A traitier si bien la m'apregne
Que boen essample aucuns i pregne
Et qu'ele gre m'en daint savoir.
Autre loier n'en quier avoir.
Montez seroit en haut degré
Qui la porroit servir a gre.
Si myracle sunt tant piteuz,
Tant boen, tant douz, tant deliteuz,
Tant savoreuz et tant eslit
Qu'el reciter ai grant delit ;
Sovent m'i vois mout delitant.
Escriture dist de li tant
Que chascons se doit deliter
En quanqu'est de li reciter.
Sade et douz est quanqu'est de li.
Si douz myracle enseveli
Dedens la letre ont trop esté ;
Mais, se vivre puis un esté,
Des plus biaus en volrai fors metre
Tout mot a mot, si com la letre
Et l'escriture le tesmoigne.

La mere Dieu tel sens me doigne
Ou aucun bien puisse puisier.
Ma povre scïence espuisier
Et essorber assez tost puis
Se j'en son parfont puis ne puis
Qu'espuisier ne puet nus puisieres,
Tant soit espuisans espuisieres :
C'est mers c'onques nus n'espuis~
Veez son nom : M et puis A,
R et puis I, puis A et puis
Mers troverés, ne mie puis :
Marie est mers que nus n'espuise ;
Plus i trueve qui plus i puise.
Ne m'estuet pas bourdes ataindre
Ne mensoignes trover ne faindre
Por defaillance de matere,
Car en tant liuz fait la Dieu mere
Tant myracle et tante merveille
Touz i mondes s'en esmerveille.
Bien seit chascuns, c'en est la voire,
Que la glorïeuse de gloire
Puet asez plus c'on ne puet dire.
Qui de ce me volroit desdire
Ne seroit mie crestïens,
Mais aubijois ou arrïens.
Li pooirs Dieu est touz sa mere :
Com a seignor et com a pere
Sovent li deprie et demande
Et a la fois li recommande
Com a celui qu'ele norri,
Sovent m'avient que je sorri
De mautalent, d'ardeur et d'ire
Quant j'oi a aucun buisnart dire
Que les myracles ne croit mie
De ma dame sainte Marie.

75. *MIRACLE D'UNE NONE TRESORIERE*

Édition : Gustav Gröber, « Ein Marienmirakel », *Beiträge zur romanischen und englischen Philologie. Festgabe für Wendelin Foerster*, Halle, Niemeyer, 1902, p. 428 (correction au v. 4 *sens* et au v. 21 *faut*, d'après Alfons Hilka, *op. cit.* (voir texte 44), p. XLVIII-XLIX).

Gautiers d'Arras qui fist d'Eracle,
Et Guios qui maint bel miracle
Traita de cele damoisele
Qui sens pere enfanta pucele,
Et Crestiens qui molt bel dist
Quant Cleget et Percheval fist,
Et Li Kievres qui rimer valt
L'amor de Tristran et d'Isault, –
Et d'Isaire et de Tentaïs
Trova Rogiers de Lisaïs,
Et Benëois de Saine Moire
De Troies translata l'estoire :
Tuit cil estoient menestrel
Si bon c'or n'en sont nis un tel.
Mais d'aus tous me tieg a Wiot,
Por ce c'ainc ne volt rimer mot
Por qu'il i eüst fausseté ;
Mais d'estoire de verité
Traita, s'en vaut molt miex li ouevre,
Car le menchongne se descuevre
Et faut si que bien le savés ;
Mais toudis dure verités.

76. GAUTIER LE LEU : *LE SOT CHEVALIER*

Édition : Willem Nooman et Nico van den Boogaard, *Nouveau recueil complet des fabliaux*, Assen, Van Gorcum, 1990, vol. 5, p. 327. – Michel Zink, *La subjectivité littéraire. Autour du siècle de saint Louis*, Paris, PUF, 1985, p. 92-98.

Puis que je me vuel apoier
A conter ne a fabloier,
Je vos doi bien faire savoir
– Se Li Leus a tant de savoir
C'on doive autorissier ses dis –
D'une aventure qui jadis
Avint en la terre d'Ardane,
A qatre liues pres d'Andane.
Je vos dirai trestot briement
Le fin et le commencement.

77. COURTEBARBE : *LES TROIS AVEUGLES DE COMPIEGNE*

Édition : voir texte 76, 1884, vol. 2, p. 176.

Une matere conterai
Dont le flablel vous en dirai.
Je tieng le menestrel a sage
Qui en trouver met son usage
De faire biaus dis et biaus contes
C'on dist devant rois, dus et contes.
Flabliaus sont boin a escouter :
Maint duel, maint mal font oublier,
Et maint anui et maint meffait.
Courtebarbe a cestui fait,
Si croit bien qu'encor l'en souviengne.

78. TRUBERT : *LE VILAIN AU BUFFET*

Édition : voir texte 76, vol. 5, p. 305.

Trubers en ce fablel fablie,
Qui de bien dire ne s'oublie,
Car honnours est, bien s'i acorde,
Qui le bien set qu'il le recorde.
Qui biau set dire et rimoier
Bien doit sa science amoier
A dire chose ou l'en apraingne
A faire que l'en n'i mespraingne.
Li cortois cuers et li gentis
Est a bien aprendre entantis,
Mais l'aver envieus couvers
Est a mal aprendre aouvers.
Li faus hons cuivers et traïtres
Est tout adés enbruns et tritres
Quant il ot le bien recorder,
Car il ne s'i puet acorder.
Quant il oit aucun conteour,
Si dist : « Ha, Dieu, quel menteour !
Cis en tuera ja tel vint
Dont ains un en estour n'en vint,
N'onques ne furent né de mere ! »
Tant par li est au cuer anmere
L'essanple des bons qu'il oit dire
Qu'il en art tous de duel et d'ire !
Mais on doit mout bien escouter
Conteour quant il set conter.

79. *LA VIEILLE TRUANDE*

Édition : voir texte 76, 1988, vol. 4, p. 339.

Des fables fait on les fabliaus,
Et des notes les sons noviaus,
Et des materes les canchons,
Et des dras cauces et cauchons.
Por çou vos vuel dire et conter
Un fabelet por deliter,
D'une fable que jou oï,
Dont au dire mout m'esjoï.
Or le vos ai torné en rime
Tout sans batel et tot sans lime,
Si ne le vos voel plus celer :
Dire vos voel d'un baceler
[...]

80. *LES TROIS DAMES QUI TROVERENT UN VIT*

Édition : voir texte 76, 1994, vol. 8, p. 278 (voir le commentaire, p. 384).

Ma paine metrai et m'entente,
Tant com je sui en ma jovente,
A conter un fabliau par rime,
Sanz colour et sanz leonime.
Mes s'il i a consonancie,
Il ne m'en chaut qui mal en die :
Car ne puet pas plaisir a touz
Consonancie sanz bons moz,
Or les oiez teus comme il sont !

81. *LE FOTEOR*

Édition : Willem Nooman, *Le jongleur par lui-même. Choix de dits et de fabliaux*, Louvain, Peeters, 2003, p. 338.

Qui fabloier viaut si fabloit,
Mes qu'en son dit nen afebloit
Por dire chose veritable.
L'en puet si biau dire une fable
Qu'el puet autant com un voir plere.

82. *LE DIT DES FEVRES*

Édition : voir texte 81, p. 68.

De dire contes et fabliaus
Et de trover biaus dis noviaus
Se soloient ja entremetre,
Et grant paine i soloient metre,
Cil qui seulent dire et conter.
Mes par foi, l'en pot poi trover,
Quar li mons chascun jor empire.
Por ce si ne vuelent rien dire
Cil qui le bien dire seüssent,
Quar il cuident que il eüssent
Trestoute lor paine gastee.
Mainte aventure ont acontee
Maint conteor par tout le monde :
Li un de la Table Roonde
Vous acontent romanz et contes ;
Les uns font rois, les autres contes,
Et des autres font chevaliers
Hardiz et corageus et fiers,

S'en tuent bien en une route
Tels cenz qui ainz ne virent goute !
Mes puis que j'en ai leu et tens,
Vueil des fevres, selonc mon sens,
Un conte commencier et dire
Dont bien est vraie la matire.

83. DIT

Édition : *Chansons et dits artésiens du* XIII*e siècle*, édit. Alfred Jeanroy et Henry Guy, Bordeaux, Feret et Fils, 1898, p. 57.

Li sains recorde et velt prover
Cil qui se melle de trover
Doit bien waitier en quel saison
Il puet mex dire par raison,
Et por mains s'ame cuivriier.
Conter vos voel sans detriier
Por coi j'ai conmencié cest dit,
Ja n'i ferai plus lonc respit :
En Avens et en Quarentaine
Se doit cascuns hom metre en paine
De miex dire q'en autre tans,
Ne nus ne doit estre embatans
En bordel, ne en lekerie ;
Qui en sains tans fait trequerie
Il peke assés plus morteument
K'en autre tans certainement,
Le vos puis por voir tesmoignier.
On deveroit l'ome esmoignier
Ki se langue torne a mesdire.
Or me covient d'autre mès dire
Ke je n'ai fait duskes en ci :
Saciés k'il n'a nient de vent ci,
Ains dirai pure verité.

ROMAN DE RENART

84. PIERRE DE SAINT-CLOUD : *ROMAN DE RENART*, BRANCHE II

Édition : Ernest Martin, Strassburg, Trübner, 1882, vol. 1, p. 91 (toutes les corrections sont celles de Gunnar Tilander, « Notes sur le texte du Roman de Renart », *Zeitschrift für romanische Philologie*, n° 44, 1924, p. 664-665) ; *cf.* édit. Mario Roques, Paris, Champion, 1951 (*CFMA* 79), p. 16 ; edit. Jean Dufournet et Andrée Méline, Paris, Garnier-Flammarion, 1985, p. 208. – Lucien Foulet, *Le Roman de Renart*, Paris, Champion, 1914 (*BEHE* 211), p. 32-48 ; Hans Robert Jauss, *Untersuchungen zur mittelalterlichen Tierdichtung*, Tübingen, Niemeyer, 1959 (*BZRP* 100), p. 178-181 ; François Berier, « Étude rhétorique et stylistique du prologue de la branche II-Va du Roman de Renart », *Bulletin de la Faculté des Lettres de Mulhouse*, n° 9, 1978, p. 9-14 ; Anthony Lodge, « De Tristan qui la chievre fist », *Romania*, n° 104, 1983, p. 524-533 ; Emmanuèle Baumgartner, « Les prologues du Roman de Renart », *Le Goupil et le Paysan*. Études réunies par Jean Dufournet, Paris, Champion-Slatkine, 1990 (Collection unichamp 22), p. 201-216.

Seigneurs, oï avez maint conte,
Que maint conterre vous raconte
Conment Paris ravi Elaine,
Le mal qu'il en ot et la paine,
De Tristan que La Chievre fist
Qui assez bellement en dist,
Et fabliaus et chancons de geste.
Romanz d'Yvain et de sa beste
Maint autre conte par la terre,
Mais onques n'oïstes la guerre

Qui tant fu dure de grant fin,
Entre Renart et Ysengrin,
Qui moult dura et moult fu dure.
Des deus barons, ce est la pure,
Que ainc ne s'entramerent jour.
Mainte mellee et maint estour
Ot entr'eulz deus, ce est la voire.
Des or commencerai l'estoire.
Or oez le conmencement
Et de la noise et du content,
Par quoi et por quel mesestance
Fu entr'eus deus la desfiance.

85. *ROMAN DE RENART*, BRANCHE IV

Édition : Ernest Martin (voir texte 84), p. 146 ; *cf.* édit. Mario Roques (voir texte 84), p. 1-2 ; édit. Jean Dufournet et Andrée Méline (voir texte 84), p. 308. – Foulet, *op. cit.* (voir texte 84), p. 289-290 ; Hans Robert Jauss, *op. cit.* (voir texte 84), p. 114-128.

Or me convient tel chose dire
Dont je vos puisse fere rire.
Qar je sai bien, ce est la pure,
Que de sarmon n'aves vos cure
Ne de cors seint oïr la vie.
De ce ne vos prent nule envie,
Mes de tel chose qui vos plese.
Or gart chascun que il se tese :
Que de bien dire sui en voie
Et bien garniz, se dex me voie.
Se vos me volieez entendre,
Tel chose porrieez aprendre
Que bien feroit a retenir.
Si me selt em por fol tenir.

Mes j'ai oï dire en escole :
De fol ome sage parole.
Lonc prologue n'est preuz a fere.
Or dirai, ne me voil plus tere,
Une branche et un sol gabet
De celui qui tant set d'abet :
C'est de Renart, bien le savez,
Et bien oï dire l'avez.

LITTÉRATURE DIDACTIQUE ET ALLÉGORIQUE

86. POÈME MORAL

Édition : Alphonse Bayot, Bruxelles, Palais des Académies, 1929, p. 170 et 223 (pour les variantes çou c'aïe a l'ame, v. 3145, et *por l'anciien eschu* [« écu »], v. 3148, représentant probabalement le texte authentique, voir la note de l'éditeur).

Je vos poroi, de ce, bon exemple ensenier,
Mais tant vos ai cantét qu'il vos puet anuiier ;
Et li malvais canteres, promiers, se fait proier
Et, puis qu'il lo comencet, nel seit entrelaissier.

Mais miez vos vient oïr nostre petit sermon
Ke les vers d'Apolone u d'Aien d'Avinion ;
Laissiez altrui oïr les biaz vers de Fulcon
Et ceaz qui ne sunt fait se de vaniteit non.

Et je ne parol mie a ceaz qui sage sunt
Et ne vul pas aprendre ceaz qui mestier n'en ont ;
Ne sai se li mien ver nului aidier poront,
Mais bien croi, se Deu plaist, k'a nului ne nuiront.

Autés est qui ne welt a la charolle aleir,
Mais bien welt tote jour oïr d'Ayul chanteir ;
Ne cuide nul mal faire, s'il ot bien vïeleir,
Mais je cuid qu'il nes puist sen pechies esculteir.

Kar ce c'atient a l'ame, ce qu'atient a Jhesu,
Se bien seit li jugleres les doit movoir menu,
S'il moi dist que Rolant abatit Fernagu
Et qu'Ayu fut gabeis de son ancien eschu ?

87. ROBERT DE HO : *ENSEIGNEMENTS TREBOR*

Édition : Marie-Vance Young, Paris, Picard, 1901, p. 31-32 et 155.

Trebor commence sun tretié
E si recunte sanz feintié
Des diz qu'il a allors oïz.
En cest livret les a escriz,
Partie des diz danz Chatun,
E partie de Salemun,
E partie de danz Estace,
E partie de danz Orace,
E partie de danz Omer
Qui cume clerc sout bien parler,
E partie de danz Virgille
Qui plus sout de autres dis mile,
E de Ovide i a partie
Qui fu mestre de grant clergie,
E partie en a controvez
E o les autres ajustez.
Or pré je celui qui lera
E qui amender le savra,
Que il le face bonement :
De meie part graces l'en rent.
E qui nel savra amender,
Por Deu, ne voille pas blamer.
Des or commence en cest escrit
L'enseignemenz que Trebor dit
A sun chier fiz molt simplement

Que il se chastit bonement.
[...]
Remaindre deit cest doctriner ;
Or ne puet il avant durer ;
Ben ait son chef kil purpensa
Eki ensemble l'ajusta ;
Reempli seit de la Deu grace
Tant qu'il puisse sivre la trace
De Nostre Seignur Jhesu Christ
En la glorie k'as justes fist.
Halcié seit la totdis sans fin
Od Gabriel e Cherubyn.

Cil qui alkes se penera
E Trebor conoistre voldra,
Donc li estovra a conter
Dis vers, e puis a esgarder
Trestoz les chevons a rebors,
E puis revenir tot cel cors.
Al revenir puet bien saveir
Son dreit non e aperceveir.
A « cherubyn » deit comencer
E puis en contremont cercher
Tant k'il truisse escrit « doctriner ».
Entre ces le pora trover.

88. GERVAISE : *BESTIAIRE*

Édition : Paul Meyer, *Romania*, n° 1, 1872, p. 426-427 et 442.

Cil fablaor qui toz jors mantent
Et qui de riens ne se desmantent
Ne mais de mançonges aprandre
Ou il puissent matiere prandre,

Cil sunt ores bien apelé
Et en autes cors honoré ;
Et chascun covient que l'on doigne
Loier por dire sa mançongne :
Il n'en diront point autrement.
Volontierz est oïz qui ment.
Qui voudroit dire verité
Et parler de desvinité
Loier li convenroit doner
Es genz por soi faire escouter.
Son tens gaste qui met sa cure
En vanité dont Dex n'a cure ;
Et tot autresi de legier
Porroit l'on d'estoire traitier
Con trover mançonges, et fables
Sunt delitouses et plaisables
Celui qui la mançonge traite :
Quant il plus ment et plus li haite
Por ce que il enbelist son dit.
Mais celui qui verité dit
Et selonc divine escriture
Covient sevre la letreüre ;
Se l'estoire estoit corronpue
Tote avroit sa poine perdue.
GERVASES, qui ne puet aler
Que ne li covieigne porter
Un baston por soi apuier,
Vuet un livre en roman traitier,
Li livres a non Bestiaire.
A Barbarie est en l'armaire
Li latins qui mult est plaisanz ;
De illuec fu estraiz li romanz.
Celui qui les bestes descrist
Et qui lor natures escrit
Fu Johanz Boche d'or nonmez,
Crisothomus rest apelez.
Tote mist s'entente et sa cure

En traitier divine escriture.
Les semblances des bestes dist ;
Sachez que grant entente i mist
Et grant poine ou livre traitier.
David en thocha ou sautier.
Tot est estrait de verité.
Bien doit estre en auctorité,
Car qui bien i voudroit entendre
Grant example i puet aprandre.
Bestes ont diverses sanblances
Et diverses signifiances ;
Tot auximent ont li oisel :
Li un sunt lait, li autre bel.
Ne vuel plus lonc prologue faire ;
Or me doint Dex a tel chief traire
De l'afaire que j'ai empris
Que je n'en soie en mal repris.

Ici fenist li Bestiaires.
Plus n'en avoit en l'esemplare
Et de mentir seroit folie.
Qui plus en set plus vos en die !
GERVAISES qui le romain fit
Plus ne trova ne plus n'en dit.
Ci fenist li livres des bestes ;
Dex nos gart nos biens et nos testes !

89. RECLUS DE MOLLIENS : *ROMAN DE CARITÉ*

Édition : Anton G. Van Hamel, Paris, Vieweg, 1885 (*BEHE* 61 et 62), vol. 1, p. 1 et p. 128-129.

STROPHE I

Dire me plest et bien doit plaire
Che dont on prent bon essemplaire.
Bien sai bons dis est bien plaisans
A cuer volentiu de bien faire ;
Car bons cuers se set bien refaire
Des essemples des bien faisans ;
Ch'est peuture bien refaisans.
Mais as cuers felons, forfaisans,
Ki costumier sont de forfaire,
Est toute bontés desplaisans.
Douche cose est et aaisans
Quant cascuns fait a son per paire.

STROPHE CCXLI

Aucuns lira ou orra lire
Ches vers, ne les voura relire,
Et li envious les lira
Por chou k'il en voura eslire
Aucun mot dont il puist mesdire.
Li envious en mesdira ;
Mais ja prodom mal n'en dira,
Ne ja rien n'i contredira ;
Car il n'i a ke contredire.
Alés, vers ! Dius vous conduira,
Et sages hom s'en deduira
Ki de bons dis se set deduire.

90. RECLUS DE MOLLIENS : *MISERERE*

Édition : Anton G. Van Hamel (voir texte 89), vol. 2, p. 218.

STROPHE CLVII

[...]
Mais au fol cui je voi joglant
Et ki va de bourdes jenglant,
A chelui est li pains destrois :
Ordement vit en fabloiant.
Pors est ; manjut faïne ou glant.
De pain gouster n'est pas ses drois.

91. RAOUL DE HOUDENC : *ROMAN DES ELES*

Édition : Matteo Majorano, Bari, Adriatica, 1983, p. 73 et 91 ; *cf.* édit. Keith Busby, Amsterdam, John Benjamins Publishing Company, 1983 (Utrecht Publications in General and Comparative Literature 17), p. 31 et p. 49.

Tant me sui de dire teüz
Que je me sui aperceüz
De trop parler et de trop taire
Ne porroit nus à bon chief trere.
Por ce me plaist en mon romanz
Que des chevaliers vous commanz
Noviauz moz, où l'en porroit prendre
Exemple et cortoisie aprendre.
Mes moi poise que je ne puis
Plus biau trover que je n'i truis.
Et qui d'eus dit chose certaine,

Chevalerie est la fontaine
De Cortoisie, n'espuisier
Nel puet nus, tant n'i set puisser :
De Dieu vint et chevalier l'ont.
[...]
De cest conte conter avant
N'ai talent que plus m'entremete.
Si est droiz que je non n'i mete
A cest romanz ? Par foi, je non !
Li *Romanz des Eles* a non.

92. HUON DE MÉRY : *TOURNOIEMENT ANTECHRIST*

Édition : Georg Wimmer, Marburg, Elwert, 1888 (*AARP* 76), p. 36-38 et p. 104 ; *cf.* édit. Margaret O. Bender, University, Mississippi, Romance Monographs, 1976, p. 59-61 et p. 150. – Michèle Gally, « Être ou ne pas être *oiseus*. Lecture de quelques prologues du XIIIe siècle », *Prologues et épilogues* (voir texte 37), p. 101-110.

N'est pas oiseus, ainz fet bone oevre
Li troveres qui sa bouche euvre
Pour bone euvre conter et dire ;
Mes qui bien trueve pleins est d'ire,
Quant il n'a de matire point.
Joliveté semont et point
Mon cuer de dire aucun bel dit ;
Mes n'ai de quoi ; car tot est dit,
Fors ce qui de novel avient.
Mes au trovëour bien avient,
S'il set aventure novele,
Qu'il face tant, que la novele
De l'aventure par tout aille,
Et que son gros françois detaille
Pour fere oeuvre plus delïée.

Pour ç'ai ma langue deslïée
– Qui que m'en tieigne a apensé –
Pour dire mon novel pensé ;
Car tel matire ai porpensée,
C'onques mes n'ot en sa pensée
Ne Sarrasins ne Crestïens.
Pour ce que mors est Crestïens
De Troies, cil qui tant ot pris
De trover, ai hardement pris
De mot a mot meitre en escrit
Le tournoiement Antecrit.
[...]
Pour ce que n'ert pas molt lointaigne
La forest de Bercelïande,
Mes cuers, qui sovent me commande
Fere autre chose que mon preu,
Me fist fere aussi comme veu,
Que j'en Broucelïande iroie.
Je m'en tornai et pris ma voie
Vers la forest sans plus atendre,
Car la verté voloie aprendre
De la perilleuse fonteine.
[...]
Le bacin, le perron de marbre
Et le vert pin et la chaiere
Trovai en itele maniere
Comme l'a descrit Crestïens.

[...] Hugon de Meri,
Qui a grant peine a fet cest livre,
Car n'osoit pas prendre a delivre
Le bel françois a son talent,
Car cil qui troverent avant
En ont coilli tote l'eslite,
Pour c'est ceste oevre meins eslite
Et plus fu fort a achever.
Molt mis grant peine a eschiver

Les diz Raol et Crestïen,
C'onques bouche de crestïen
Ne dist si bien com il disoient.
Mes quant qu'il dirent il prenoient
Le bel françois trestot a plein
Si com il lor venoit a mein,
Si c'apres eus n'ont rien guerpi.
Se j'ai trové aucun espi
Apres la mein as mestiviers,
Je l'ai glané molt volentiers.

93. RICHARD DE FOURNIVAL : *BESTIAIRE D'AMOUR*

Édition : Cesare Segre, Milano, Ricciardi, 1975, p. 3-6.

(1) Toutes gens desirent par nature a savoir. Et pour chu ke nus ne puet tout savoir, ja soit che ke cascune cose puist estre seüe, si covient il ke sacuns sache aucune cose, et che ke li uns ne set mie, ke li autres le sache ; si ke tout est seü en tel maniere qu'il n'est seü de nullui a par lui, ains est seü de tous ensamble.Mais il est ensi ke toutes gens ne vivent mie ensamble, ains sont li un mort avant ke li autre naissent, et cil ki ont esté cha en ariere ont seü tel cose ke nus ki ore endroit vive ne le conquerroit de son sens, ne ne seroit seü, s'on ne le savoit par les anchiiens.

(2) Et pour chu Diex, ki tant aime l'omme qu'il le velt porveoir de quant ke mestiers lui est, a donné a homme une vertu de force d'ame ki a non memoire. Ceste memoire si a deus portes, veïr et oïr, et a cascune de ces deus portes si a un cemin par ou on i puet aler, che sont painture et parole [...] memoire, ki est la garde des tresors ke sens d'omme conquiert par bonté d'engien, fait chu ki est trespassé ausi comme present. Et a che meïsme vient on per painture et per parole.

Car quant on voit painte une estoire, ou de Troies ou d'autre, on voit les fais des preudommes ki cha en ariere furent, ausi com s'il fussent present.

(3) Et tout ensi est il de parole. Car quant on ot un romans lire, on entent les aventures, ausi com on les veïst en present [...].

(4) Car je vous envoie en cest escrit et painture et parole, pour che ke, quant je ne serai presens, ke cis escris par sa painture et par sa parole me rende a vostre memoire comme present.

94. JEHAN DE MEUN : *ROMAN DE LA ROSE*

Édition : Félix Lecoy, Paris, Champion, 1965 (*CFMA* 92), vol. 1, p. 218-220 (pour les vers 7101-7162), Ernest Langlois, Paris, Champion, 1922 (*SATF*), vol. 4, p. 237-238 et p. 240-241 (pour les vers 18635-18654 et 18711-18754) ; *cf.* édit. Daniel Poirion, Paris, Garnier-Flammarion, 1974, p. 214-215 et p. 496-498. – Ernst Robert Curtius, *op. cit.* (voir texte 42), p. 591 ; Gustav Ineichen, « Le discours linguistique de Jean de Meun », *Romanistische Zeitschrift für Literaturgeschichte / Cahiers d'histoire des littératures romanes*, n° 2, 1978, p. 245-251.

Se fames nes noment en France,
Ce n'est fors desacoutumance,
Car li propres nons leur pleüst,
Qui acoutumé leur eüst ;
Et se proprement les nomassent,
Ja certes de riens n'i pechassent.
Acoutumance est trop poissanz,
Et se bien le sui connoissanz,
Mainte chose desplest novele,
Qui par acoustumance est bele.
Chascune qui les va nomant
Les apele ne sai conmant,
Borses, harnais, riens, piches, pines,
Ausint con ce fussent espines ;
Mes quant les sentent bien joignanz,
Els nes tienent pas a poignanz.
Or les noment si conme el seulent,

Quant proprement nomer nes veulent :
Je ne leur en feré ja force ;
Mes a riens nule ne m'efforce,
Quant riens veill dire apertement,
Tant conme a parler proprement.
Si dit l'en bien en noz escoles
Maintes choses par paraboles,
Qui mout sunt beles a entendre ;
Si ne doit l'en mie tout prendre
A la letre quan que l'en ot.
En ma parole autre sen ot,
Au mains quant des coillons parloie,
Don si briefment parler voloie,
Que celui que tu i veuz metre ;
Et qui bien entendroit la letre,
Le sen verroit en l'escriture,
Qui esclarcist la fable occure.
La verité dedenz reposte
Seroit clere, s'el iert esposte ;
Bien l'entendras, se bien repetes
Les integumanz aus poetes.
La verras une grant partie
Des secrez de philosophie
Ou mout te vodras deliter,
Et si porras mout profiter :
En delitant profiteras,
En profitant deliteras ;
Car en leur geus et en leur fables
Gisent deliz mout profitables
Souz cui leur pensees covrirent,
Quant le voir des fables vestirent.
Si te covendroit a ce tendre,
Se bien veuz la parole entendre.
Mes puis t'ai tex deus moz renduz,
Et tu les as bien entenduz,
Qui pris doivent estre a la letre,
Tout proprement, sanz glose metre.

– Dame, bien les i puis entendre,
Qu'il i sunt si legiers a prendre
Qu'il n'est nus qui françois seüst
Qui prendre ne les i deüst,
N'ont mestier d'autres declarances.
Mes des poetes les sentances,
Les fables et les methaphores
Ne bé je pas a gloser ores.

Si ront clerc plus grant avantage
D'estre gentill, curteis e sage,
E la raison vous en lirai,
Que n'ont li prince ne li rei,
Qui ne sevent de letreüre;
Car li clers veit en l'escriture,
Avec les sciences prouvees,
Raisonables e demontrees,
Touz maus don l'en se deit retraire,
E touz les biens que l'en peut faire;
Les choses veit dou monde escrites
Si come eus sont faites dites;
Il veit es ancienes vies
De touz vilains les vilenies,
E touz les faiz des courteis omes,
E des courteisies les somes.
Briement il veit escrit en livre
Quanque l'en deit foïr e sivre;
Par quei tuit clerc, deciple e maistre
Sont gentill ou le deivent estre.
[...]
Mout redeit l'en clerc enourer
Qui bien veaut a sen labourer,
E pense des vertuz ensivre
Qu'il veit escrites en son livre.
E si fist l'en certes jadis;
Bien en nomeraie ja dis,
Veire tant que, se je les nombre,

Enuiz sera d'oïr le nombre.
Jadis li vaillant gentill ome,
Si con la letre les renome,
Empereeur, duc, conte, rei,
Don ja ci plus ne conterai,
Les philosophes enourerent ;
Aus poetes neïs donerent
Viles, jardins, leus enourables,
E maintes choses delitables.
Naples fu donee a Virgile,
Qui plus est delitable vile
Que n'est Paris ne Lavardins.
En Calabre rot beaus jardins
Ennius, qui doné li furent
Des anciens qui le quenurent.
Mais pour quei plus en trouveraie ?
Pas pluseurs le vous prouveraie,
Qui furent né de bas lignages,
E plus orent nobles courages
Que maint fill de reis ne de contes,
Don ja ci ne vous iert faiz contes,
Qui pour gentis furent tenuz.
Or est li tens a ce venuz
Que li bon qui toute leur vie
Travaillent en philosophie,
E s'en vont en estrange terre
Pour sen e pour valeur conquerre,
E seufrent les granz povretez,
Ou mendianz ou endetez,
E vont espeir deschauz e nu,
Ne sont amé ne chier tenu.
Prince nes prisent une pome ;
E si sont il plus gentill ome,
Si me gart Deus d'aveir les fievres,
Que cil qui vont chacier aus lievres,
E que cil qui sont coustumiers
De maindre es paterneus fumiers.

LITTÉRATURE HISTORIQUE

95. GEFFREI GAIMAR : *ESTOIRE DES ENGLEIS*

Édition : Ian Short, Oxford, Oxford University Press, 2009, p. 352 et 354.

Ore dit Gaimar k'il tressailli,
Mes s'il uncore s'en volt pener,
Des plus bels faiz pot vers trover :
Ço est d'amur e dosnaier,
Del gaber e de boscheier
E dé festes e des noblesces,
Des largetez e des richesces
E del barnage k'il mena,
Des larges dons kë il dona :
D'iço devreit hom bien chanter,
Nïent leissier ne trespasser.
Ore mand Davit ke, si li pleist,
Avant die si pas nel leist,
Car s'il en volt avant trover,
Son livre en pot mult amender ;
E s'il ne volt a ço entendre,
Por lui irrai sil ferai prendre :
Jamés n'istrat de ma prison
Si n'eit parfeite la chançon.
Ore avom pes e menum joie.
Treske ci dit Gaimar de Troie :
Il començat la u Jasun
Ala conquere la tuisun,

Si l'ad definé ci endreit.
De Deu seium nus benëeit ! Amen.

ÉPILOGUE DES MSS. D ET L

Ci vuil ore finir m'estoire.
Del rei Henri ne frai memoire,
Kar Äeliz la bone reïne –
A qui Deu doinst grace divine ! –
En ad traitié un livre grant,
Pur ço si fin le mien atant :
L'Estoire des Engleis ci finist.
Beneïe tuz Jesu Crist
Qui lur ententë i mettrunt
E qui as autres la dirrunt
Qui ne la sevent n'en unt oïe –
Deu de ciel tuz les beneïe,
Kar a tel chose deit l'um entendre
U il n'i ad rien que reprendre
Ne vilainie ne mençonge.
N'est pas cist livre fable ne sunge,
Ainz est de veire estoire estrait
Des ancïens reis e d'els fait
Qui governöent Engleterre,
Alcuns em pes, alcuns en guere.
Issi cuvint : ne pot el estre.
Beneïe vus Deu celestre !

96. WACE : *BRUT*

Édition : Ivor Arnold / Margaret Pelan, *La partie arthurienne du Roman de Brut*, Paris, Klincksieck, 1962 (*BFR* Série B, 1), p. 75 ; *cf.* édit. Ivor Arnold, Le Roman de Brut, Paris, *SATF*, 1940, vol. 2, p. 515-516 (v. 9787-9798).

En cele grant pes que je di,
Ne sai se vos l'avez oï,
Furent les mervoilles provees,
Et les avantures trovees
Qui d'Arthur sont tant recontees
Que a fables sont atornees :
Ne tot mançonge ne tot voir,
Ne tot folor ne tot savoir.
Tant ont li contëor conté
Et li fablëor tant fablé
Por lor contes anbeleter,
Que tot ont fet fable sanbler.

97. WACE : *ROU*

Édition : Anthony J. Holden, Paris, Picard, vol. 1, 1970 (*SATF*), p. 161, 166-168, vol. 2, 1971 (*SATF*), p. 121-122.

Pur remembrer des ancesurs
Les feiz e les diz e les murs,
Les felunies des feluns
E les barnages des baruns,
Deit l'um les livres e les gestes
E les estoires lire a festes.
Si escripture ne fust feite
E puis par clers litte e retraite,
Mult fussent choses ublïees
Ki de viez tens sunt trespassees.
[...]
Mult soleient estre onuré
E mult preisé e mult amé
Cil ki les gestes escriveient
E ki les estoires treiteient ;
Suvent aveient des baruns

E des nobles dames beaus duns,
Pur mettre lur nuns en estoire,
Que tuz tens mais fust de eus memoire.
Mais or puis jeo lunges penser,
Livres escrire e translater,
Faire rumanz e serventeis,
Tart truverai tant seit curteis
Ki tant me duinst e mette en mein
Dunt jeo aie un meis un escrivein,
Ne ki nul autre bien me face
Fors tant : « Mult dit bien Maistre Wace ;
Vus devrïez tuz tens escrire,
Ki tant savez bel e bien dire. »
A ceo me tienc e a ceo mus ;
Ja de plusurs ne en avrai plus.
Jeo parouc a la riche gent,
Ki unt les rentes e le argent,
Kar pur eus sunt li livre fait
E bon dit fait e bien retrait.
[...]
179 Treis reis Henriz vi e cunui
E clerc lisant en lur tens fui.
[...]
6373 [...] Brecheliant
Donc Breton vont sovent fablant,
Une forest mult longue e lee
Qui en Bretaigne est mult loee.
La fontaine de Berenton
Sort d'une part lez le perron ;
Aler i solent veneor
A Berenton par grant chalor,
E a lor cors l'eve espuisier
E le perron desus moillier ;
Por ço soleient pluie aveir.
Issi soleit jadis ploveir
En la forest e environ,
Mais jo ne sai par quel raison.

La seut l'en les fees veeir,
Se li Breton nos dient veir,
E altres merveilles plusors ;
Aires i selt aveir d'ostors
E de grant cers mult grant plenté.
Mais vilain ont tot deserté.
La alai jo merveilles querre,
Vi la forest e vi la terre,
Merveilles quis, mais nes trovai,
Fol m'en revinc, fol i alai ;
Fol i alai, fol m'en revinc,
Folie quis, por fol me tinc.

98. ROBERT DE CLARI : *LA CONQUÊTE DE CONSTANTINOPLE*

Édition : Philippe Lauer, Paris, Champion, 1924 (*CFMA* 40), p. 109 ; *cf.* édit. Jean Dufournet, Paris, Champion, 2004 (Champion Classiques 14), p. 212. – Michel Zink, *La subjectivité littéraire* (voir texte 76), p. 205-207 ; Ulrich Mölk, *Zeitschrift für romanische Philologie*, n° 124, 2008, p. 99-100.

CH. CXX

Ore avés oï le verité, confaitement Coustantinoble fu conquise, et confaitement li cuens de Flandres Baudouins en fu empereres, et mesire Henris ses freres aprés, que chis qui i fu et qui le vit et qui l'oï le tesmongne, ROBERS DE CLARI, li chevaliers, et a fait metre en escrit le verité, si comme ele fu conquise ; et ja soit chou que il ne l'ait si belement contee le conqueste, comme maint boin diteeur l'eussent contee, si en a il toutes eures le droite verité contee, et assés de verités en a teutes qu'il ne peut mie toutes ramembrer.

99. *PSEUDO-TURPIN*, VERSION V (« SAINTONGEAISE »)

Édition : Theodor Auracher, *Zeitschrift für romanische Philologie*, n° 1, 1877, p. 262-263 et p. 336 (édition diplomatique d'après le ms. BN fr. 5714 ; texte établi par Ulrich Mölk) ; *cf.* édit. André de Mandach, Tübingen, Niemeyer, 1970 (*BZRP* 120), p. 255-256 et p. 332. – Gaston Paris, *De Pseudo-Turpino*, Paris, Franck, 1865, p. 44-45

En l'enor nostre Seignor qui est Pere et Filz e Sainz Esperiz qui est uns Deus en tres persones, e eu nom la gloriose mere ma dame saincte Marie, voil comencier l'estoire si cum li bons enpereire Karlemaine en ala en Espagnie por la terra conquerra sor Sarrazins. Maintes gens en ont oï conter et chanter mes n'est si mensongie non ço qu'il en dient e chantent cil jogleor ne cil conteor. Nus contes rimés n'est verais, tot est menssongie ço qu'il en dient, quar il non sevient rien fors par oïr dire. Li bons Baudoin, li cuens de Chainau, si ama molt Karlemaine ne ne voc unques croire chose que l'en chantast, ainz fit cercher les bones abaies de France e garder par toz les armaires por savoir si l'om i troveroit la veraie estoira, ni onques trover ne l'i porent li clerc. Tant avint que uns sis cleirz ala en Borgognia par l'estoire quere, eisi cum De plot, si la trova a Sanz en Borguonie, icele estoire domeinament que Turpins li bons arcevesques de Reins escrit en Espagne, qui avoc le bon enpereor fu, e par jor e par nuit, e que il sot que vers fu le conquest ; toz les miracles si com il avenoient le jor, tot eissi les escrivoit par nuit e par jor quant il en avoit leisir. Dont en fait cil mielz a croire qui hi fu e qui le vit que ne font cil qui rien n'en sevent fors par oïr dire. Li clers ou bon compte Boudoin contrescrit l'estoire e a son seignor la porta qui molt l'en tinc en grant cherté tant cum il vesqui. E quant il dut murir, si enveia le livre a sa seror la bone Jolent la contessa de Saint Po, e si manda que por amor de lui gardast le livre tant cum ela vivreit. La bona contessa ha gardé le livre jusqu'a ore. Or me proie que je le meta de latin en romanz por ço que teus set de letra qui de latin ne seüst eslire, e por romanz sera il mielz gardez. Or si oez que li bons arcevesques en reconte. [...] Ci est fenia l'estoir~ Des dont au conta de Saint Po via [durable], qui la fit metra de latin en romanz senz rima por mieuz entendra, quar eço puet maint s'en apendr~ Dites amen comunaument que Des lor dont grant joia ensembla, e a Nicholas de Saint Lis cui grant henor dont Jhesu Crist. Amen.

100. *PSEUDO-TURPIN*, VERSION III (« JOHANNES »)

Édition : Ronald N. Walpole, *The Old French Johannes Translation of the Pseudo-Turpin Chronicle*, Berkeley, University of California Press, 1976, p. 130. – Gaston Paris, *op. cit.* (voir texte 99), p. 56.

Voirs est que li plusor ont oï volentiers et oient encore de Charlemaine, coment il conquist Espaigne et Galice. Mes que que li autre aient osté et mis, ci poez oïr la verité d'Espaigne selonc le latin de l'estoire que li cuens Renauz de Boloigne fist par grant estuide cerchier et querre es livres a monseignor Saint Denise. Et por refreschir es cuers des gens les oevres et le non del bon roi, la fist il en romanz translater del latin as.XII. C. anz de l'incarnation et.VI., el tens Phelipe le noble roi de France et Looys son fill. Et por ce que rime se velt afeitier de moz conqueilliz hors de l'estoire, voust li cuens que cist livres fust sans rime selonc le latin de l'estoire que Torpins l'arcevesque de Reins traita et escrist si com il le vit et oï. Si doit estre chiere tenue et volentiers oïe de toz hauz homes. Car por ce sunt les bones vertuz el siegle auques defaillies et li cuer des seignorages affebloié, que l'en n'ot mes si volentiers com en soloit les oevres des enciens, ne les estoires ou li bon fet sunt qui enseignent coment l'en se doit avoir en Deu et contenir el siegle honoreement. Car vivre sanz honor est morirs. Huimés comencerai coment et par quele maniere et par quele achoison Charles mut a aler en Espaigne et Torpinsavec lui, qui tot mist en escrit si com vos orroiz que la vérité fust aprés els en memoire.

[L'auteur de cette version française du Pseudo-Turpin, longtemps tenue pour un des nombreux ouvrages de Pierre de Beauvais, utilise la même tournure que Pierre de Beauvais qui, au début de la version courte de son

Bestiaire (antérieure à 1206 ; voir la date «.XII.C. et.VI. » du prologue), s'exprime ainsi : « En cest livre translater de latin en romanz mist lonc travail Pierres qui volontiers le fist et *pour ce que rime se vieut afaitier de moz concueilliz hors de verité*, mist il sanz rime cest livre selonc le latin *etc.* », *cf.* l'éd. Guy R. Mermier, Paris, Nizet, 1977, p. 59, et *Le Bestiaire, Version longue attribuée à Pierre de Beauvais*, éd. par Craig Baker, Paris, Champion, 2010, *CFMA* 163, p. 16 et 141.]

101. WILLEM DE BRIANE : *PSEUDO-TURPIN*, VERSION IV

Édition : Ian Short, Oxford, Blackwell, 1973 (Anglo-Norman Texts 25), p. 31.

Ici comence la veraye estoyre si cum li fort roys Charlemain li Conquerauns conquit tote Espayne e i oust tote Galice en sa pousté e la delivera des Sarazyns par l'ayde Deux e par l'amonestement moun seygnor seint Jake. E sachunt certeynement touz ceus ke le orrunt ke l'estoyre est veraie, si vus moustray ben purquey ele deyt estre veraye e cruee de clers e de lais. Ly bons archeeweke Turpin de Reyns, ke fu compaynoun Charles en Espayne e les graunz peynes e les grauns travaux e les graunz coups suffry ovveke ly autretaund cum un dé melliours, l'escrist a Vienne, la ou il gisoyt malades dé playes ke il resut en Espayne. Quaunt qe Charles ou fet du primer aan ke il entra en Espayne a sa mort, envoya en latin a Leobrand, le deen d'Ayse la Chapele, qui li avoyt maundé e prié par cumpanie ke il li escrisist en latin e ly envoyast. Eyssi fist en tele manere cum vus orrez, si vus le volet escoter. Jo, Willem de Briane, li clers Garin le fiz Gerod, ke maint homme a mis a ben e mout plus en mettra, si Deux plest, par soun comaundement e par le comaundement ma dame Aliz sa femme, ay proposé e translaté ço livere ke Turpin l'arceweke escrist de sé mayns en latin ; le mettray en romaunz ke ceus ke le orrunt i preynount essaumple e s'i delitunt a oyer les hauz miracles, e ensement ceus qui entendunt la lettre se deliterount, ceus, di jo, ke Deux amerount a oier. Ore prium Deux ke il otreyt a moy e a ceuz par ky enprenk cest overe fere tele chose ke sa alme soit sauve aprés la mort. Dites Amen.

102. *HISTOIRE DE PHILIPPE AUGUSTE*

Édition : Paul Meyer, « Prologue en vers français d'une histoire perdue de Philippe Auguste », *Romania*, nº 6, 1877, p. 497-498 (quelques retouches ; v. 64 : l' = *Acre*). – Erich Köhler, *Trobadorlyrik* (voir texte 32), p. 215.

Mès li buens rois par son grant san,
Phelipes, qui maint grant ahan
An soffri et mainz granz escharz
Que li esmut li rois Richarz
Ainz qu'il eüst la mer passée,
An la garde des Crestiens
Et retolue as paiens,
Si con vos orroiz a delivre
Conter ci ampres an cest livre,
Si con le truis tot a devise
An l'estoire de Saint Denise,
Ou j'ai ceste matiere prise
Qu'an françois tretier ai amprise
A la requeste mon segnor
De Flagi, qui m'a grant enor
Fete et mainz bons servises fez.
Dou buen roi Phelipe les fez
Et les batailles et les guerres
Que il fist par diverses terres
Orroiz conter an ceste estoire
[...]
Mès trop redot a anvaïr
Ceste oevre ; mès, vaille que vaille,
Ausi com par ci le me taille,
M'en irai outre par la letre

Sans riens oster et sans riens metre.
Issi vos an feré le conte
Non pas rimé, qui an droit conte,
Si con li livres Lancelot
Ou il n'a de rime un seul mot,
Por mielz dire la verité
Et por tretier sans fauseté ;
Quar anviz puet estre rimée
Estoire ou n'ait ajostée
Mançonge por fere la rime.
Ne quier fere or plus longue lime
An rimoier, mès qui anvie
Ne talant avra de la vie
Oïr Phelipe le buen roi
Ne s'esloigne pas loign de moi.

103. JEHAN DE THUIN : *ROMAN DE JULES CÉSAR*

Édition : Olivier Collet, Genève, Droz, 1993 (*TLF*), p. 341. – Paul Hess, *Li Roumanz de Julius Cesar. Ein Beitrag zur Cäsargeschichte im Mittelalter*, Winterthur, Keller, 1956, p. 42-45.

Lucans en tel maniere l'estore entrelaissa,
Si est vertez que il malement le fina,
Mais ja pour tant nul blasme li boins clers n'en avra
Quar il ot ochoison qui de ce l'esforça,
Car la mors le souprist qui son cors asonma
Si que finer ne pot ce que il commença,
De ce fu ce granz dels que si tost devia.
Mais Jacos de Forest qui son cuer mis i a,
De l'estore et du conte encor vous contera,
Mais ce iert par convent que le voir en dira
Par rinmes et par vers plus briement qu'il pourra.

[Voici le même passage « dérimé » d'après *Li Hystore de Julius Cesar*, dont l'auteur n'est pas « Jacos de Forest » mais plutôt le même Jehan de Thuin, édit. Franz Settegast, Halle, Niemeyer, 1881, p. 197-198 : « A celui point Lucans fina son traitié ; et sans faille, il fina trop malement ; mais il n'en doit avoir blasme par raison, car il fu souspris par acoison de la mort. Mais nepourquant Jehans de Tuum, qui son cuer a mis en l'estoire, le vous parfinera selonc la verité de l'estoire roumainne ».]

104. *ROMAN DE TROIE* EN PROSE, ÉPILOGUE

Édition : Marc-René Jung, *La légende de Troie* (voir texte 38), p. 451. – Léopold Constans (voir texte 38), vol. 6, 1912, p. 268 ; Paul Hess, *op. cit.* (voir texte 103), p. 29.

Ainsi vous ay menee a fin la vraye histoire selon ce qu'elle fu trouvee ou langaige des Gregoys, et puis translattee en latin, et de latin je l'ay mise en rommans, nommye per vers ne per rimez, sicomme les menestrels font, qui de leurs langues font moult de contreuves pour faire maintes fois leur proufit d'aultrui dammaige, mais per droit compte selon ce que je l'ay trouvé, sanz riens couvrir la verité de bourdes ou de mençoigne ou per autre tele maniere, sy que nulz n'y porroyt adjuster ne joindre, qui pour verité deust estre tenu.

RHÉTORIQUE

105. JEHAN D'ANTIOCHE : *RHÉTORIQUE DE CICÉRON*

Édition : Léopold Delisle, « Notice sur la Rhétorique de Cicéron, traduite par Maître Jean d'Antioche, MS 590 du Musée Condé », *NE*, n° 36, 1899, p. 261. – Léopold Delisle, « Maître Jean d'Antioche, traducteur, et Frère Guillaume de Saint-Étienne, Hospitalier », *HLF*, n° 33, 1906, p. 1-22 ; Jacques Monfrin, Études de philologie romane, Genève, Droz, 2001 (*PRF* 230), p. 757-785.

Ci devise le translateor.II. raisons por coi il tint l'orde et le proces dou traitier que l'autor porsiut. Ici fenist le sizeime livre et le darrain de tote la rethorique de Marc Tulles Cyceron, qui est translatée dou latin en françois selonc l'ordenance et selonc le procès dou tratter que le meisme auctour tient et porsiut. Car ceste translacion si contient enterinement cele meisme manière de tratter qui est faite et disposée par l'aucteur, au plus près qu'ele peut. Et ce fu fait nomeement por.II. raisons. L'une si est que les paroles et les diz de l'art soient de greignor auctorité et de greignor reverence en toute desputeison, se mestier estoit de prover, et en tout aleguement entre les sages et ceaus qui conoissent de l'art. L'autre raison si est por eschiver vice de presumpcion et d'orgueil, qu'il ne semblast que l'en vosist maistrier la manière de Tullius par detrenchement ou par nuance (*corr.* « muance» ?), qui fu tant grant philosophe et de tant grant renom. Por cestes.II. raisons donques dessus dites porsiut le translatour la manière dou tratter de l'auctor a son pooir et au plus près qu'il pot. Mais il ne pot mie porsiure l'auctor en la maniée dou parler. Car la manière dou parler au latin n'est pas semblable generaument a cele dou françois, ne les proprietez des paroles, ne les raisons d'ordener les araisonemenz et les diz dou latin ne sont pas semblables a celes dou françois ; et ce est comunaument en toute lengue. Quar chascune lengue si a ses proprietez et sa manière de parler, et por ce nul translateour o interpreteor ne porroit jamais bien translater d'une lengue a autre s'il ne s'enformast a la manière et as proprietez de cele lengue en qui il translate ; por laquel chose il covint au translateor de ceste science de translater aucune fois parole por parole, et aucune fois et plus sovent sentence por sentence, et aucune fois por la grant oscurté de la sentence li convint il sozjoindre et acreistre. Autresi li covint en aucun leu en l'elocucion de changier et muer exemples por la discordance de letres et de sillabes qu'il trova entre les.II. lengues. Quiconques donques lira ce livre ou l'estudiera ne soit pas presumpcieuz de reprendre riens desporvehuement : affronte (*sic Monfrin, Delisle* : affronté) avant bien ententivement les.II. letres dou latin et dou françois et examine (*sic Monfrin, Delisle* : examiné) bien les.II. sentences par bon entendement et sain, et preigne garde diligenment selonc la grant force de l'art, si l'en le peut meauz faire sauvant la manière dou tratter de l'auctor. Et quant il avra (*Delisle* : « aura ») tout ce fait, s'il a bone raison et saine de reprendre, si peut reprendre hardiement. Quar maintes fois avient qu'a bouche malade douce viande semble amère, et qui a males lanternes sovent se trabuche en voie. *Explicit liber.*

BIBLIOGRAPHIE

Les titres des livres et articles figurant dans les notices bibliographiques en tête de nos textes ne sont repris ici que dans le cas où il s'agit d'études particulièrement importantes.

OUVRAGES DE REFÉRENCE

BOSSUAT, Robert, *Manuel bibliographique de la littérature du Moyen Âge*, Melun, Librairie d'Argences, 1952 ; 1er et 2e suppléments avec le concours de Jacques Monfrin, 2 vol., Paris, Librairie d'Argences, 1955 et 1961 ; Vielliard, Françoise / Monfrin, Jacques, *Manuel bibliographique de la littérature française du Moyen Âge de Robert Bossuat*, 3e supplément (1960-1980), 2 vol., Paris, CNRS, 1986 et 1991.

Le Moyen Âge, ouvrage préparé par Robert Bossuat / Louis Pichard / Guy Raynaud de Lage, édition entièrement revue et mis à jour sous la direction de Geneviève Hasenohr / Michel Zink, Paris, Fayard, 1992.

KLAPP-LEHRMANN, Astrid, *Bibliographie d'histoire littéraire française / Bibliographie der französischen Literaturwissenschaft*, fondée par Otto Klapp, vol. 47 (2009), Frankfurt am Main, Klostermann, 2010 (*à suivre*).

LES ARTS POÉTIQUES LATINS

FARAL, Edmond, *Les Arts poétiques du XIIe et du XIIIe siècle. Recherches et documents sur la technique littéraire du Moyen Âge*, Paris, Champion, 1924 (*BEHE* 238).

GRÄBENER, Hans-Jürgen (édit.), *Gervais von Melkley, Ars poetica*, Münster, Aschendorff, 1965 (*Forschungen zur romanischen Philologie* 17).

TILLIETTE, Jean-Yves, *Des mots à la parole, une lecture de la Poetria nova de Geoffroy de Vinsauf*, Genève, Droz, 2000 (*Recherches et Rencontres* 16).

ESTHÉTIQUE SCOLASTIQUE

DE BRUYNE, Études d'esthétique médiévale, vol. 2 (L'époque romane), vol. 3 (Le XIIIe siècle), Bruges, De Tempel, 1946.

ASSUNTO, Rosario, *La critica d'arte nel pensiero medioevale*, Milano, Il Saggiatore, 1961.

ASSUNTO, Rosario, *Die Theorie des Schönen im Mittelalter*, Köln, DuMont Schauberg, 1963.

ECO, Umberto, *Arte e bellezza nell'estetica medievale*, Milano, Bompiani, 1987.

ÉTUDES

CURTIUS, Ernst Robert, *La Littérature européenne et le Moyen Âge latin.* Traduit de l'allemand par Jean Bréjoux, Paris, PUF, 1956.

FARAL, Edmond, *Les Jongleurs en France au Moyen Âge*, Paris, Champion, 1910 (*BEHE* 187).

GAUTIER, Léon, *Les épopées françaises, étude sur les origines et l'histoire de la littérature nationale*, 2e éd., Paris, Palmé, 1878 (vol. 2, p. 372-399 : « Comment se faisaient les chansons de geste »).

HALPERSOHN, Rubin, *Über die Einleitungen im altfranzösischen Kunstepos*, Diss. Heidelberg, Berlin, Meyer & Müller, 1911.

HUNT, Tony, « The rhetorical background to the Arthurian prologue, tradition and the Old French vernacular prologues », *Forum for Modern Language Studies*, n° 6, 1970, p. 1-23.

JANSON, Tore, *Latin Prose Prefaces, Studies in Literary Conventions*, Stockholm, Almquist & Wiksell, 1964.

JAUSS, Hans Robert, « Littérature médiévale et théorie des genres », *Poétique*, n° 1, 1970, p. 79-101 (texte allemand traduit par Éliane Kaufholz). Pour la version allemande voir : *Grundriss der romanischen Literaturen des Mittelalters*, édit. Hans Robert Jauss / Erich Köhler, vol. 1, Heidelberg, Winter, 1972, p. 107-138.

JONES, Paul John, *Prologue and epilogue in Old French lives of saints before 1400*, Philadelphia, University Diss., 1933.

KIM GERTZ, Sunhee, *Poetic Prologues. Medieval Conversations with the Literary Past*, Frankfurt am Main, Klostermann, 1996 (*Analecta romanica* 56).

KÖHLER, Erich, *Trobadorlyrik und höfischer Roman, Aufsätze zur französischen und provenzalischen Literatur des Mittelalters*, Berlin, Rütten & Loening, 1962 (p. 9-20 : « Zur Selbstauffassung des höfischen Dichters », p. 21-27 : « Scholastische Ästhetik und höfische Dichtung »).

MÖLK, Ulrich, *Trobar clus – Trobar leu, Studien zur Dichtungstheorie der Trobadors*, München, Fink, 1968 (p. 177-199 : « Trobar clus – trobar leu, ornatus difficilis – ornatus facilis, translatio – proprietas »).

MÖLK, Ulrich, *Französische Literarästhetik des 12. und 13. Jahrhunderts, Prologe – Exkurse – Epiloge*, Tübingen, Niemeyer, 1969 (*Sammlung romanischer Übungstexte* 54).

MONTOYA MARTÍNEZ, Jesús / RIQUER, Isabel de, *El prólogo literario en la Edad Media*, Madrid, Universidad Nacional de Educación a Distancia, 1998.

PATTERSON, Warner Forest, *Three centuries of French poetic theory, a critical history of the chief arts of poetry in France*, vol. 1, Ann Arbor, University of Michigan Press, 1935.

Préfaces romanesques. Actes du XVIIe colloque international de la SATOR, études réunies et présentées par Mladen Kozul / Jan Herman / Paul Pelckmans, Louvain, Peeters, 2005.

Prologues et épilogues dans la littérature du Moyen Âge. Actes du colloque du Centre d'Études Médiévales et Dialectales de Lille 3, textes réunis par Aimé Petit, Lille, Université Charles-de-Gaulle, 2002 (*Bien Dire et Bien Aprandre* 19).

Les Prologues médiévaux. Actes du colloque international organisé par l'Academia Belgica et l'École française de Rome, éd. par Jacqueline Hamesse, Turnhout, Brepols, 2000.

Rhétorique et Poétique au Moyen Âge. Actes du colloque organisé à l'Institut de France, éd. par Alain Michel, Turnhout, Brepols, 2002.

RYCHNER, Jean, *La chanson de geste, essai sur l'art épique des jongleurs*, Genève, Droz, 1955.

VINAVER, Eugène, *A la recherche d'une poétique médiévale*, Paris, Nizet, 1970.

ZINK, Michel, *La subjectivité littéraire. Autour du siècle de saint Louis*, Paris, PUF, 1985.

ZUMTHOR, Paul, *Essai de poétique médiévale*, 2e éd. avec une préface de Michel Zink, Paris, Éd. du Seuil, 2000.

INDEX DES NOMS PROPRES

Les noms propres des auteurs en PETITES CAPITALES, les personnages littéraires en *italique*, les personnages historiques et les noms géographiques (pays, villes, abbayes) en romain. Les chiffres renvoient aux textes.

INDEX TERMINOLOGIQUE

Les termes (substantifs, verbes, adjectifs) employés dans les textes, désignent des aspects de la création littéraire au sens très large, tenant compte de l'attitude des auteurs à l'égard de la tradition, de leur public ainsi que de la littérature française et latine de la même époque. Pour la présentation graphique des mots, il a fallu adopter, dans l'index, les formes standardisées traditionnelles. Les chiffres renvoient aux textes.

INDEX THÉMATIQUE

Sont répertoriés les motifs littéraires les plus caractéristiques du travail des auteurs. On trouvera un choix d'articles critiques traitant ces motifs dans les notices bibliographiques en tête des textes respectifs. Les chiffres renvoient aux textes, les mots cités repris aux textes sont en romain, explications en *italique*.

L'AUTEUR (1)

L'AUTEUR (2)

MOTIFS PARTICULIERS

TABLE DES MATIÈRES

LES TEXTES

IMPRIM'VERT®

Achevé d'imprimer par Corlet Numérique,
à Condé-sur-Noireau (Calvados), en juin 2012
N° d'impression : 89012 – Dépôt légal : juin 2012
Imprimé en France